EXÉGESIS DEL NUEVO TESTAMENTO

Manual para Estudiantes y Pastores

GORDON D. FEE

EDITORIAL **Vida**
DEDICADOS A LA EXCELENCIA

© 1992 EDITORIAL VIDA
Miami, Florida 33166

Publicado en inglés con el título:
New Testament Exegesis
por *The Westminster Press*
© 1983 por *Gordon D. Fee*

Traducción: *David Gómez R.*

Diseño de cubierta: *Ana Bowen*

Reservados todos los derechos

ISBN 0-8297-0367-5

Categoría: *Hermenéutica*

A

Maudine, Mark, Cherith, Craig y Brian

quienes me enseñaron que la exégesis

no es un fin en sí misma,

sino que siempre se debe aplicar

Hemos estudiado de buena gana y con seriedad. En lo que a mí me tocaba podría haber continuado de ese modo, y ya me había resignado a tener mi sepulcro aquí junto al Rin . . . Y ahora el fin ha llegado. Así que escuchen mi consejo: ¡exégesis, exégesis, y aún más exégesis! Aférrense a la Palabra, las Escrituras que se nos han dado.

— KARL BARTH

(En ocasión de la despedida de sus estudiantes en Bonn, poco antes de su expulsión de Alemania en 1935. Citado por Eberhard Busch, en *Karl Barth: His Life from Letters and Autobiographical Texts:* Fortress Press, 1976.)

Índice

Abreviaturas

AT	Antiguo Testamento
BA	Biblia de las Américas
E	Epístolas
Ev	Evangelios
H	Hechos
MS. (MSS.)	Manuscrito(s)
NA[26]	Nestle-Aland, *Novum Testamentum Graece*, 26a ed. Stuttgart: Deutsche Bibelstiftung, 1979
NT	Nuevo Testamento
NVI	Nueva Versión Internacional, 1990
RVR '60	Reina-Valera, revisión de 1960
UBS[3]	*The Greek New Testament* [El Nuevo Testamento Griego], 3a ed. Sociedades Bíblicas Unidas, 1975
VM	Versión Moderna

Prefacio

U n estudiante le preguntó una vez a un viejo colega mío, profesor de Nuevo Testamento, cómo podría aprender a hacer análisis exegéticos, con la intención de que su maestro le sugiriera algún libro. Mi colega le contestó: "Tendrás que tomar un curso". Esa respuesta es una admisión tácita de lo que todos los que enseñamos el NT sabemos que es cierto: que no hay un libro que sirva como texto o guía para que el estudiante aprenda el proceso exegético, desde la apertura de sus Biblias a la redacción del ensayo. Este libro tiene la esperanza de llenar esa laguna.

Son diversas mis razones para escribir este libro. En primer lugar, en todos mis años de capacitación, nunca me enseñaron a hacer la exégesis. Cuando estudiaba la Biblia en la universidad y en el programa de doctorado en estudios del NT, nunca recibí instrucción en la exégesis. Un curso de hermenéutica constaba de una gran cantidad de información general, a menudo útil, pero no con el objetivo de enseñar al estudiante a hacer la exégesis de un texto en particular. Por otra parte, observaba lo que pasaba por exégesis en muchos seminarios y estudios de postgrado: un curso de griego avanzado, en el cual la "exégesis" era conocer el significado de palabras y determinar, por ejemplo, "qué clase de genitivo" tenían. Y el instinto me dijo que, por necesario y útil que tal trabajo fuera, no era verdadera exégesis, sino sólo una parte del todo.

Así que hice lo que muchos de mis contemporáneos tuvieron que hacer, a quienes también se les enseñó la "exégesis" como una parte de la "hermenéutica" o como "griego avanzado": aprendí solo. Por supuesto que tuve muchos maestros: los mejores comentarios, como el de Barrett sobre 1 de Corintios; mis colegas, sobre todo David M. Scholer, ahora decano del Northern Baptist Seminary, con quien compartí la enseñanza del curso sobre la interpretación del Nuevo

Testamento, y a quien debo mucho de lo que se incluye en este libro. Pero aprendí mucho al tomar un texto y tratar de resolver los problemas solo.

La motivación para escribir el libro la recibí al principio de mi colega Douglas Stuart, cuya experiencia semejante con la exégesis del AT lo llevó a escribir el tomo anterior a éste (*Old Testament Exegesis* [Exégesis del Antiguo Testamento]; Westminster Press, 1980). Poco tiempo después que apareciera el libro del profesor Stuart, le dije a James Heaney de la editorial Westminster que algún día me gustaría escribir el otro tomo sobre el NT. El doctor Heaney ejerció la debida presión que convirtió al fin ese "algún día" en una fecha límite para presentar el manuscrito.

Los estudiantes aprenderán pronto que no todos hacen, o enseñan, la exégesis precisamente de la misma manera. Este libro procura tomar en cuenta eso. Los pasos dados aquí no son reglas rígidas, sino pautas. Si otro orden de pasos le parece mejor, o lo siguen sus maestros, entonces de todos modos adáptelo para satisfacer sus necesidades. Lo que he procurado proporcionar es una guía de todos los pasos necesarios para hacer una buena exégesis. Para ese fin confío que será útil.

Este libro supone que la exégesis requiere un conocimiento mínimo del griego, pero también se escribió para alentar al uso del griego a aquellos cuyo conocimiento del idioma se ha enmohecido. Los estudiantes que no saben griego podrán aprovechar gran parte de la guía, sobre todo el capítulo I. Pero como se verá en el capítulo II, muchas de las cosas cruciales requieren algún conocimiento del idioma original. Aquí se han ofrecido traducciones del griego para que puedan beneficiarse lo más posible de este material. En realidad, si usted toma el tiempo para aprender bien el alfabeto griego, podrá emplear la mayoría de las ayudas tratadas en ese capítulo. Se espera que este libro lo alentará al fin a adquirir cierto conocimiento del idioma griego.

Por último, se debe reconocer a otros profesores, además de Scholer y Stuart, que han contribuido a este libro. Tengo una deuda de gratitud con el profesor Robert A. Guelich del Northern Baptist Seminary por el aliento inicial y, en especial, por sus útiles consejos sobre el uso de la sinopsis griega; a mi colega el doctor Rod Whitacre por su generosa contribución en todo, y principalmente por partes de la sección sobre el análisis gramatical; a mi antiguo estudiante y actual colega Gerry Camery-Hoggatt por las útiles sugerencias en cada etapa, sobre todo por la información sobre la documentación de fuentes secundarias. Mis otros dos colegas en la enseñanza del NT, Royce G. Gruenler y J. Ramsey Michaels, también contribuyeron varias horas de debate animado sobre muchas partes.

Indice analítico

Introducción

Capítulo III. Guía breve de exégesis para sermones

Introducción

Se emplea el término "exégesis" en este libro en un sentido limitado a propósito para hacer referencia a la investigación histórica del significado del texto bíblico. La exégesis, por lo tanto, responde a la pregunta: ¿Qué quiso decir el autor bíblico? Tiene que ver con lo que dijo (el contenido mismo) y por qué lo dijo en cualquier punto dado (el contexto literario). Además, primordialmente la exégesis tiene que ver con la intención: ¿Qué se propuso el autor que entendieran sus lectores originales?

Históricamente, la hermenéutica era el nombre más amplio para la ciencia de la interpretación, que abarcaba la exégesis. Pero como la hermenéutica se ha concentrado más en el significado como realidad existencial, es decir, lo que hoy significan esos antiguos textos sagrados, he optado por limitar todo empleo del término a su más estricto significado de "aplicación".

Este libro tiene que ver más con el proceso exegético. Así que el propósito inmediato del estudiante de la Biblia es comprender el texto bíblico. Sin embargo, la exégesis no debe ser un fin en sí misma. Por lo general, los sermones exegéticos son secos, informativos tal vez, pero rara vez proféticos o inspiradores. Por lo tanto, el propósito final del estudiante de la Biblia es aplicar una comprensión exegética del texto a la iglesia y al mundo contemporáneos. En consecuencia, esta guía también incluye algunas sugerencias para trasladarse "del texto al sermón".

El proceso del análisis exegético, y de la redacción de un ensayo exegético, está determinado en parte por la razón o las razones para tratar un texto en particular. Hay fundamentalmente tres razones:

1. Un estudio metódico a través de un libro completo de la Biblia.
2. Un intento por resolver las dificultades de un *enigma*, o pasaje problemático, bien conocido (1 Co 7:14; 15:29; etc.).

3. La preparación para el sermón o la lección del domingo siguiente, u otros intereses pastorales relacionados.

Los profesores y los escritores de comentarios usualmente abordan el texto por la primera razón. En el aula, los estudiantes también participan en ese proceso y con frecuencia escriben sus ensayos exegéticos "en el transcurso de las cosas". Se espera que también cada vez más pastores aprendan ese método, no sólo para los fines inmediatos de enseñanza o predicación, sino también para crear una profunda reserva de datos bíblicos para moldear todo su ministerio.

También los estudiantes escriben muchos ensayos exegéticos por la segunda razón. Se espera que lo que se aprende tratando de resolver "pasajes problemáticos" se use para la razón 3 (predicación u otros intereses pastorales), la más común y urgente razón por la que los pastores estudian el texto bíblico. Debido a esto, se ha dedicado todo un capítulo para enseñar a hacer un análisis exegético "abreviado", para la preparación de sermones. Sin embargo, no puede aprender a hacer bien el análisis "abreviado" el que antes no ha aprendido bien todo el proceso.

Se han escrito los principios del capítulo I desde la perspectiva de la razón 2 (tratar pasajes problemáticos). También se incluyen (en el paso 1) ayudas adicionales para aquellos cuyo enfoque es la razón 1 (estudiar un libro completo).

Lo primero que debe observarse en cualquier texto bíblico es elemental, pero también el asunto crucial, pues determina mucho de lo restante. *¿Qué clase de literatura se está analizando en la exégesis?* El Nuevo Testamento se compone fundamentalmente de cuatro tipos (géneros):

1. Las *epístolas,* en su mayor parte, están compuestas de párrafos de argumento o exhortación. Aquí el exégeta debe aprender, sobre todo, a seguir el flujo del argumento del escritor para entender cualquier oración o párrafo aislados.
2. Los *evangelios* están compuestos de fragmentos, unidades de enseñanza o narrativa, que son de distintas clases, con diferentes características formales, puestas en sus presentes contextos por los evangelistas.
3. *Hechos* es una serie de *narraciones* breves conectadas que forman una narración entera con *discursos* esparcidos.
4. El libro de *Apocalipsis* es una serie de *visiones* construidas con cuidado y entretejidas para formar una narrativa apocalíptica completa.

Además de tener muchas cosas en común, cada uno de estos géneros tiene también sus problemas y "reglas" exegéticas peculiares.

Por lo tanto, en el capítulo I la guía se dividirá en cuatro partes: (A) Unos pasos iniciales comunes a todos los géneros, (B) unos pasos especiales peculiares de cada uno de los géneros, (C) otros pasos más comunes a todos, y (D) unos comentarios finales sobre la aplicación. Se supone que no se lee la guía entera de una sola vez, sino que se emplea mientras se hace el trabajo de exégesis. Por lo tanto, si usted hace un análisis exegético de un pasaje de las epístolas, debe seguir los primeros ocho pasos comunes a todos (I.A.1-8); después siga los tres pasos peculiares de las epístolas en la parte I.B (9 [E] a 11 [E]); luego pase a la parte I.C. para los pasos 12-15. Hay que hacer lo mismo para un trabajo escrito sobre los evangelios, Hechos o Apocalipsis. Debe notarse que el paso 15, "Escriba el ensayo", tiene diferentes principios para un pasaje de las epístolas o los evangelios. Debido a que el capítulo I no se aplica directamente a cualquiera de los géneros, es probable que el estudiante considere provechoso referirse regularmente al diagrama esquemático que se encuentra al principio del capítulo I.

Recuerde usted al usar esta guía que *todos los pasos no se aplican igualmente a todos los pasajes del Nuevo Testamento*. Por ejemplo, algunos pasajes no tendrán ningún problema textual, mientras que para otros la solución de las preguntas sobre el texto será de mayor consideración para su comprensión. Para otros textos, el asunto importante será contextual o de léxico, o una información del contexto histórico. No hay manera de estar seguro de eso por anticipado. Lo que necesita hacer es dar *todos* los pasos. A medida que uno vaya familiarizándose con un pasaje, se irá dando cuenta de la manera de aplicar el peso relativo de cada paso y sus derivaciones.

I

Guía para una exégesis completa

L a clave para la buena exégesis es la capacidad para hacer las preguntas correctas acerca del texto para obtener el significado que el autor se propuso comunicar. Las buenas preguntas exegéticas caen en dos categorías básicas: Preguntas de *contenido* (lo que se dice) y de *contexto* (por qué se dice).

Las preguntas de contenido son de cuatro clases: (1.) *Crítica textual* (la determinación de la fraseología misma del autor), (2.) *información semántica* (el significado de las palabras), (3.) *información gramatical* (la relación de las palabras entre sí), y (4.) *el trasfondo histórico-cultural* (la relación de las palabras y las ideas con el trasfondo y la cultura del autor y sus lectores).

Las preguntas contextuales son de dos clases: (1.) *El contexto histórico* se relaciona con la ubicación histórica general de un documento (por ejemplo, la ciudad de Corinto, su geografía, habitantes, religiones, economía, etc.) y con el motivo específico del documento (es decir, por qué fue escrito). (2.) *El contexto literario* tiene que ver con la razón por la cual se dijo cierta cosa en un punto dado del argumento o la narración.

La buena exégesis, por lo tanto, es la feliz combinación, o la cuidadosa integración, de todos estos datos en una presentación interesante. La meta de tal presentación no es la originalidad ni la singularidad, sino una clara comprensión de la intención original del autor. El esquema de las páginas siguientes da una vista general del proceso. El resto del capítulo guía al lector a través de cada uno de los pasos.

A. PASOS INICIALES PARA TODOS LOS GENEROS

Al comienzo del proceso exegético, después de haberse determinado el género literario en el cual existe el texto (véase la Introducción),

REDACCION DE UN ENSAYO EXEGETICO
Esquema

PASO 1:
Investigue usted el contexto histórico en general.

PASO 2:
Confirme los límites del pasaje.

PASO 3:
Establezca el texto.
(Véase II.1)

PASO 4:
Haga una traducción provisional.

PASO 5:
Analice las estructuras de la oración gramatical y las relaciones sintácticas.
(Véase II.2)

PASO 6:
Analice la gramática.
(Véase II. 3)

PASO 7:
Analice las palabras importantes.
(Véase II.4)

PASO 8:
Investigue el trasfondo histórico-cultural.
(Véase II.5)

Vaya a los pasos 9-11 según el género literario del pasaje.

EPISTOLAS

PASO 9 (E):
Determine el carácter formal de la epístola.

PASO 10 (E):
Examine el contexto histórico en particular.

PASO 11 (E):
Determine el contexto literario.

EVANGELIOS

PASO 9 (Ev):
Determine el carácter formal del fragmento o dicho.

PASO 10 (Ev):
Analice el fragmento en una sinopsis de los evangelios.
(Véase II.6)

PASO 11 (Ev):
Considere el medio ambiente posible en el ministerio de Jesús.

HECHOS

PASO 10 (H):
Investigue los asuntos
históricos.

PASO 11 (H):
Determine el contexto
literario.

APOCALIPSIS

PASO 9 (A):
Entienda el carácter
formal de Apocalipsis.

PASO 10 (A):
Determine el contexto
histórico.

PASO 11 (A):
Determine el contexto
literario.

*Complete la exégesis
pasando por los pasos 12-15.*

PASO 12:
Considere los contextos
bíblicos y teológicos más
amplios.

PASO 13:
Consulte la literatura
secundaria.

PASO 14 (opcional):
Proporcione una traducción
final.

PASO 15:
Escriba el ensayo.

es necesario tener una idea provisional de lo que se trata, tanto en el documento en general como en el párrafo (o el fragmento) en consideración. Para hacer eso bien, son necesarios varios pasos iniciales.

Paso 1. *Examine el contexto histórico en general.*

Antes de la investigación de cualquier oración, párrafo, o cualquier otra subdivisión de un documento, es necesario tener siempre una buena visión general de todo el documento. ¿Quién es el autor? ¿Quiénes son los destinatarios? ¿Cuál es la relación entre ellos? ¿Dónde viven los destinatarios? ¿Cuáles son sus presentes circunstancias? ¿Qué situación histórica ocasionó este escrito? ¿Cuál es el propósito del autor? ¿Cuál es el tema o interés principal? ¿Tiene el argumento o la narración un bosquejo fácil de hallar?

Es mejor realizar este trabajo por sí mismo. En un curso de estudio de un libro esto se hará durante el curso, pero para la exégesis de un "pasaje problemático", en muchos casos usted deseará aplicarse directamente al pasaje. Por tanto, es importante consultar una obra de contenido general y una introducción crítica.

NOTA: Si usted aborda el texto por la razón 1, es decir, para abrirse paso metódicamente a través de un libro (véase la Introducción), no hay nada mejor que hacer el trabajo por sí mismo. En este caso debe hacer lo siguiente:

1.1. *Lea el documento completo en castellano de una sentada.*

No hay sustituto alguno para este paso. Nunca se comienza la exégesis de un libro en el capítulo 1, versículo 1. El primer paso es siempre leer todo el documento. Es necesario tener un concepto provisional del todo antes de analizar alguna de sus partes, y se obtiene ese concepto mediante su lectura completa.

Después de la primera lectura, repáselo una segunda vez de modo superficial y tome notas de lo siguiente (con referencias):

1.1.1. Descubra todo lo que pueda sobre los destinatarios. ¿Son judíos o no judíos, o una combinación de los dos? ¿Qué relación tienen ellos con el autor? ¿Hay alguna indicación de su situación socioeconómica?

1.1.2. Descubra todo lo que pueda acerca del propósito. ¿Dice el autor *explícitamente* algo acerca de su propósito? ¿Qué está implícito?

1.1.3. Anote los énfasis o intereses especiales que se presenten. ¿Cuáles palabras o ideas se repiten con frecuencia? ¿Qué vocabulario poco frecuente se repite? ¿Qué puede decir esto acerca del motivo o propósito?

1.1.4. Elabore un bosquejo anotado de todo el libro (para que se revise en estudio posterior).

Después de familiarizarse con todo el documento, proceda a los siguientes pasos.

1.2. Compare sus observaciones con la literatura secundaria.

Ahora consulte otras fuentes y vea si hay alguna información que usted pasó por alto. Si hay diferencias significativas entre sus observaciones y las del estudio general o introducción del NT, repase otra vez el documento con el libro correspondiente y vea cuáles son las razones de las diferencias.

Paso 2. Confirme los límites del pasaje.

Esté seguro de que el pasaje escogido para la exégesis sea una unidad genuina y completa en sí misma. Aunque haga la exégesis sólo de una oración, esa oración debe ubicarse en su propio párrafo o fragmento. Para hacer esto, debe comparar las divisiones en párrafos en la NA[26] y la UBS[3] (notará que a veces difieren) con dos o más traducciones modernas (e.g., la NVI y la Biblia de las Américas). Donde haya diferencias, debe decidir tentativamente por sí mismo cuál es la unidad básica. La decisión final sobre este asunto llega a ser parte del proceso exegético completo.

Paso 3. Establezca el texto (véase II.1).

El principal interés del intérprete de cualquier texto antiguo es el textual. ¿Cuáles palabras usó el autor, y en qué orden? La ciencia que busca recobrar la forma original de documentos escritos a mano se llama *crítica textual,* que se ha convertido en un campo de estudio muy técnico y complejo. Con una pequeña cantidad de esfuerzo concentrado, no obstante, el estudiante de la exégesis puede aprender lo suficiente como para sentirse cómodo (1) con la lectura de debates textuales (v.g., en artículos y comentarios) y (2) al tomar sus propias decisiones textuales.

Para hacer la propia crítica textual, es necesario familiarizarse con los materiales (información textual en las notas) de la NA[26] y la UBS[3]. Una explicación completa del uso de estos materiales y la presentación de los criterios para tomar decisiones textuales se dan en II.1.

Lo que se enfatiza en el Capítulo II necesita repetirse aquí: no todas las decisiones textuales tienen importancia exegética. Pero es necesario familiarizarse lo suficientemente con esta ciencia para poder distinguir lo que es importante de lo que no lo es y evaluar las decisiones textuales de otros por sí mismo. En el propio ensayo exegético, sólo necesitan presentarse las decisiones textuales que de veras afectan el *significado* del pasaje.

Paso 4. *Haga una traducción provisional.*

Lea el párrafo en griego y haga una traducción *provisional*. Lea el texto griego completo varias veces, hasta estar bastante familiarizado con el *contenido* del pasaje para poder traducirlo sin la ayuda de léxicos o gramáticas. Entonces escriba su traducción, usando los textos auxiliares si es necesario. Recuerde que ésta no es una traducción definitiva. El propósito de este paso es familiarizarse con el *contenido* del párrafo. Al mismo tiempo debe empezar a reconocer las palabras que puedan necesitar un estudio especial. Por ejemplo, ¿hay palabras con contenido teológico? ¿Algunas palabras se repiten en este pasaje? ¿Hay palabras en este pasaje que no ocurren con frecuencia en los escritos de este autor?

NOTA: Como paso final de su exégesis (Paso 14), antes de escribir el ensayo, quizá se requiera que vuelva a este paso y haga una traducción definitiva que refleje las conclusiones de su exégesis. Aun si no fuera requerida, es buena práctica hacerla.

Paso 5. *Analice la estructura de las oraciones gramaticales y las relaciones sintácticas.*

Es importante que al iniciar la exégesis del pasaje se tenga una buena idea del flujo del argumento (o narración) y que se reconozcan las estructuras básicas y la sintaxis de cada oración. Para hacer eso debidamente no hay nada mejor que escribir el pasaje en su totalidad en forma estructurada. Hay tres ventajas: primera, obliga a tomar decisiones gramaticales tentativas, en especial acerca de las relaciones sintácticas. Segunda, capacita para tener una idea de la estructura del pasaje y reconocer configuraciones (v.g., continuaciones, contrastes, paralelos). Tercera, proporciona un bosquejo tentativo del argumento.

5.1 *Haga un diagrama de flujo de oración* (véase II.2.1).

El mejor modo de escribir el texto es en la forma de un diagrama de flujo de oración, con anotaciones marginales que tracen el flujo del argumento. Aunque tal trabajo es un asunto muy personal, las sugerencias dadas en el Capítulo II pueden servir de guías útiles.

5.2 *Haga un diagrama gramatical de oración* (véase II.2.2).

A veces la gramática de una oración es tan compleja que es útil hacer un diagrama de las partes que la constituyen. Muchos preferirán hacer el diagrama gramatical de todas las oraciones del pasaje, antes que aprender un nuevo sistema, tal como escribir un diagrama de flujo de oración. La ventaja del diagrama gramatical es que obliga a uno a identificar la función gramatical de cada palabra del pasaje. La desventaja es que uno hace el diagrama de sólo una oración a la vez y, por ende, puede dejar de tener una vista general del pasaje completo o reconocer las varias configuraciones estructurales del argumento.

Cuando se completen estos primeros cinco pasos, dos cosas deben haber sucedido:

a. Usted debe tener ahora una buena idea tanto del contenido como del contexto más amplio del párrafo.

b. Usted debe haber aislado algunos problemas que necesitan un examen más detenido.

Ahora usted está listo para hacer un análisis más detenido del pasaje. Los tres pasos siguientes aíslan tres preguntas de contenido (las preguntas textuales ya se han tratado en el paso 3). Cada uno de esos pasos se desarrolla en detalle en el capítulo II. Si ya ha aprendido los procedimientos bosquejados en ese capítulo, entonces sólo necesita aplicarlos a su ensayo. Si no, será necesario dedicar tiempo al aprendizaje de cada uno de esos procedimientos y ver cómo se aplican al pasaje. Una vez que los procedimientos básicos se hayan aprendido bien, el capítulo II puede servir como una guía útil de referencia o como lista de comprobación.

Paso 6. *Analice la gramática* (véase II.2 y 3).

Para sus propios propósitos usted debe decidir la gramática de todo lo que está en el pasaje. Pero debe presentar en el ensayo sólo las cosas en las que es importante una decisión exegética o en las que ésta tiene trascendencia en el significado de un pasaje. ¿Están en duda algunos puntos gramaticales? ¿Podrían leerse de modo diferente algunas oraciones, cláusulas o frases si la gramática se interpretara de otra manera? ¿Hay verdaderas ambigüedades que imposibilitan la interpretación definida de alguna parte del pasaje? Si es así, ¿cuáles son al menos las opciones posibles? ¿Hay alguna anomalía gramatical (no lo que se esperaría) en algún punto? Si es así, ¿podría usted dar alguna explicación de la anomalía?

Paso 7. *Analice las palabras importantes* (véase II.4).

Debe tener cuidado aquí. Evite que el ensayo se convierta en una colección de pequeños estudios de palabras. Presente el significado de cualquier palabra de acuerdo con las pautas del capítulo II. En el ensayo, el estudio de las palabras se hará a base de dos criterios: (1) explique lo que no es obvio; (2) concéntrese en las palabras y redacciones claves.

Paso 8. *Investigue el trasfondo histórico-cultural* (véase II.5).

Incluida en este paso está una variedad de asuntos que incluyen: (1) la trascendencia de personas, lugares, acontecimientos, etc., mencionados en el pasaje; (2) el medio ambiente cultural y social del autor y sus lectores; (3) las costumbres y hábitos del autor o locutor y sus lectores u oyentes; y (4) el modo de pensar del autor y sus lectores.

En el ensayo, como antes, es necesario decidir cuáles de estos asuntos necesitan desarrollarse, a base de: (1) lo que no es obvio para los lectores, y (2) lo que tiene verdadera trascendencia en el significado del pasaje.

B. CONSIDERACIONES ESPECIALES PARA DIFERENTES GENEROS

En este punto usted está listo para lidiar con las cuestiones del contexto histórico en particular y el contexto literario. Sin embargo, el procedimiento aquí para la exégesis de los varios géneros difiere considerablemente. Por lo tanto, se presentan los siguientes pasos de acuerdo al género. En el paso 12 todos los géneros retornan al mismo curso. Puede ser útil en este punto referirse con frecuencia al diagrama esquemático de este capítulo.

Exégesis de las epístolas (E).

Paso 9 (E). *Determine el carácter formal de la epístola.*

9.1 (E). *Diferencias de carácter*

Aunque todos los documentos del NT desde Romanos hasta Judas (21 en total) son epístolas, tienen ciertas diferencias considerables de carácter. Algunas son para un propósito determinado, y tienen sus propios motivos (e.g., Filemón, 1 Corintios, Judas, Gálatas), mientras que otras parecen ser más bien folletos generales. Es importante en este punto considerar que algunas son más como "cartas" y otras son más públicas, y por tanto, verdaderas "epístolas". Eso influirá en su modo de pensar en el paso 10.

9.2 (E). *Aspectos formales*

También es importante notar los varios aspectos *formales* de las cartas de la antigüedad y determinar a cuál parte de la carta pertenece el pasaje. Por ejemplo, ¿es parte de una acción de gracias o una oración? ¿Forma parte del saludo formal o es la parte principal? Si pertenece a las partes más formales de la carta, ¿cuánto ha determinado la forma misma el contenido?

Paso 10 (E). *Examine el contexto histórico en particular.*
Ya que las epístolas del NT son todas documentos *ocasionales* (i.e., fueron *ocasionadas* por algunas circunstancias *especiales* o bien de parte del lector o bien de parte del autor), es importante tratar de reconstruir la naturaleza de la situación a la cual responde la subdivisión principal de la carta de que se trata. Para hacer eso bien debe hacerse lo siguiente:

10.1 (E). *Lectura en busca de detalles*
Lea la subdivisión varias veces. Mientras lee, preste especial atención a los detalles del texto. Trate de imaginar lo mejor que pueda lo que habría sido estar en una comunidad cristiana del primer siglo oyendo la lectura de la carta por primera vez.

10.2 (E). *La audiencia*
Haga una lista de todo lo que pueda proporcionar alguna información acerca de *los destinatarios y su situación.* ¿Qué se dice explícitamente? ¿Qué está implícito? ¿Tienen una conducta que es necesario corregir? ¿Es el problema algún mal entendido teológico o falta de comprensión? ¿Necesitan ellos consuelo, exhortación o corrección? Si hay algún problema específico, ¿vino de afuera o surgió de adentro? ¿Hay alguna indicación de cómo se enteró el autor de la situación?

10.3 (E). *Palabras claves*
Haga otra lista de *las palabras claves y las frases repetidas* que indiquen el asunto de la sección. ¿Cuáles palabras aparecen con más frecuencia en toda la sección? Revise la concordancia para ver si en este pasaje aparecen con una frecuencia insólita. ¿El vocabulario del autor sugiere algo acerca de la naturaleza del problema?

10.4 (E). *Descripción breve*
En este punto, de manera tentativa, intente *escribir un párrafo que ponga todos estos datos en una expresión coherente* del problema o la situación de los lectores.
Por lo general, este paso será una consideración importante en la presentación final de la exégesis. No debe dejar de volver a él después de trabajar en el paso 11, porque el análisis de la respuesta debe corresponder bien al análisis de la situación histórica.

Paso 11 (E). *Determine el contexto literario.*

Para hacer esto, se debe aprender a PENSAR EN PARRAFOS. Aun cuando el ensayo exegético se base en uno solo de los párrafos o subpárrafos de una sección más grande, debe procurar seguir el argumento de toda la sección, párrafo por párrafo.

Para el texto específico que se está analizando, ya ha llegado a la pregunta exegética absolutamente esencial: *¿Cuál es el propósito* de este párrafo o exhortación? ¿Cuál es el propósito de esta oración? Por lo que el autor ha dicho hasta aquí, *¿por qué* dice ahora esto? Aquí reside la importancia de seguir el argumento con cuidado hasta el propósito de la oración o párrafo que usted estudia (aunque no es necesario entrar en todos los pormenores del argumento entero en el ensayo). Para la exégesis no es suficiente resolver todos los detalles en los pasos 6-8. Uno también debe poder presentar una explicación convincente de la forma como encaja todo esto en el argumento en progreso del autor.

Para hacer eso bien se debe proceder con los dos siguientes ejercicios.

11.1 (E). *Lógica y contenido*

Escriba con brevedad la *lógica* y el *contenido* del párrafo que estudia.

Lo que interesa aquí es *lo que* se dice. ¿A quién se dirige el autor ahora? ¿De qué asunto se habla ahora? ¿Cuál es el interés fundamental? ¿La declaración de usted incluye *todo* lo del párrafo? ¿Se ha ponderado adecuadamente cada asunto?

11.2 (E). *Contenido y argumento*

En una o dos oraciones más explique *cómo* este contenido contribuye al argumento.

¿Por qué cree que eso se dijo en este punto? ¿Cuál es la relación de este párrafo con lo que se acaba de decir? ¿Cómo prepara para lo que sigue?

No se puede enfatizar demasiado la necesidad de disciplinarse para hacer este ejercicio. No importa que tan bien se traten los detalles en los pasos previos, nunca hará buena exégesis hasta que haga este paso bien. La falla de la mayoría de los comentarios reside aquí. Con frecuencia manejan las preguntas de contenido bien, pero muy a menudo dejan de ayudar al lector a entender el *propósito* de las palabras del autor bíblico en un contexto determinado.

Antes de avanzar al paso 12, debe volver y pensar en lo realizado en los pasos 10 y 11. ¿Es su comprensión de la respuesta una reacción adecuada a la situación histórica como usted la ha descrito? ¿Necesita ahora una revisión? ¿Puede elaborar ahora un argumento convincente para su exégesis como una adecuada comprensión de la situación a la cual el autor se dirige? La excelencia de su exégesis se sostiene o cae aquí.

Exégesis de los evangelios (E).

Antes de tratar las preguntas contextuales para la exégesis de los evangelios, es necesario hacer algunas notas preliminares acerca de la *naturaleza* de este género, el cual a su vez requiere la exposición de algunas hipótesis de trabajo acerca de los materiales de los evangelios y sus interrelaciones.

La naturaleza de los evangelios

Las epístolas tienen un contexto histórico y literario unidimensional. Es decir, el autor presenta su propio argumento (o exhortación), incluso cuando recurre a material tradicional, que se dirige directamente a la situación de sus destintarios. Así:

Pablo (54 d.C.) ——→ Corinto (54 d.C.)

Los escritores de los evangelios, al contrario, tienen un contexto histórico de dos o tres dimensiones, que a su vez afecta a su contexto literario. Es decir, que transmiten, en la forma permanente de la escritura, las palabras de Jesucristo y los relatos acerca de El (nivel 1) que tienen a su disposición en la forma en que se han conservado en la tradición de la iglesia (nivel 2). Por ejemplo, compárese 1 Co 11:23: "Yo recibí del Señor lo que también os he enseñado" (escrito en 54 d.C.) con Lucas 22:17-20 (escrito alrededor de 75? d.C.). La propia contribución del escritor del evangelio (nivel 3) es la selección, disposición y adaptación (aunque tal actividad ya estaba en acción en el período de la trasmisión oral). Así:

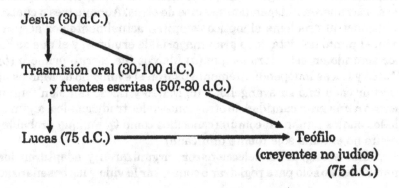

Jesús (30 d.C.)

Trasmisión oral (30-100 d.C.)
y fuentes escritas (50?-80 d.C.)

Lucas (75 d.C.) —————————————→ Teófilo
(creyentes no judíos)
(75 d.C.)

Así que es con Jesús con quien Teófilo se enfrenta cara a cara, pero Jesús medió a través de la memoria de la Iglesia Primitiva y de Lucas.

El proceso exegético se complica más (o quizá se ayuda) con el hecho de que hay cuatro evangelios, los primeros tres de los cuales, al menos, tienen cierta interrelación literaria.

Estos dos factores, que los evangelios son de dos o tres dimensiones y que hay cuatro, requieren algunas hipótesis previas de trabajo acerca del material de los evangelios y de los evangelios mismos. Las siguientes hipótesis son las convicciones del autor sobre las cuales los varios pasos de la exégesis son basados. Debe notarse que son las convicciones compartidas por la vasta mayoría de los eruditos del NT. Debe notarse también que no es posible carecer de hipótesis de trabajo en estos asuntos, aunque uno nunca las haya expresado. Si no está de acuerdo con estas hipótesis, tendrá que poner las suyas y adaptar los pasos en conformidad.

Algunas hipótesis de trabajo

1. Es razonable suponer que durante el período de trasmisión oral las unidades de materiales (fragmentos), compuestas de relatos y dichos, se trasmitieron de modo independiente una de otra. Asimismo, se puede suponer que muchos dichos se conservaron como enseñanzas y, por eso, se trasmitían con frecuencia sin su contexto histórico original (cf. el uso paulino del material de los dichos en 1 Co 7:10 y 9:14). Así que es una hipótesis de trabajo razonable que la presente organización de los fragmentos es en su mayor parte el trabajo de los evangelistas. Esto parece confirmarse, para usar sólo un ejemplo, por el hecho de que los dichos presentados por Mateo en Mt 10:5-42, como instrucciones para los ministros del reino, aparecen en Lucas en ambientes muy diferentes, en la siguiente secuencia: Lc 9:2-5; 10:3; 12:11, 12; 6:40; 12:2-9; 12:51-53; 14:25-27; 17:33; 10:16.

2. Aunque ninguno de los evangelios fue escrito para leerse junto con los otros (con la posible excepción de Juan, según Clemente de Alejandría), es casi seguro que por lo menos los evangelios sinópticos no se escribieron independientes unos de otros. Aunque tres o cuatro soluciones al problema sinóptico compiten actualmente por aceptación, el punto de vista de la gran mayoría de eruditos, y el que se da por sentado en este libro es que (a) Marcos fue escrito primero (b) Mateo y Lucas independientemente usaron el evangelio de Marcos al escribir cada uno su evangelio, y (c) Mateo y Lucas también tenían acceso a una gran cantidad de otros materiales tradicionales, algunos de los cuales tenían en común (conocidos como Q, aunque probablemente no era una sola fuente unificada).

3. Los evangelistas seleccionaron, organizaron y adaptaron los materiales no sólo para registrar o conservar la vida y las enseñanzas

de Jesucristo sino también para presentar a Jesús a sus lectores con sus propios intereses distintivos y desde su peculiar punto de vista.

La tarea de la exégesis

Dada la naturaleza de los evangelios y estas tres hipótesis de trabajo, se supone además que la tarea de la exégesis es primero entender un pasaje en su contexto presente en un evangelio determinado. Pero esto tiene dos aspectos: primero, el evangelista registra la vida y las enseñanzas de *Jesús*. Así que parte de la tarea es tratar de ver lo que el evangelista entendió como dicho o sucedido. En segundo lugar, ya que él seleccionó, adaptó y organizó las cosas de este modo en particular, queremos también tratar de ver el significado del pasaje en el presente contexto del evangelio.

La alternativa de esta opinión de la tarea es concentrarse en un fragmento o dicho en un intento por entender lo que significaba en la situación original de Jesús. Como se verá en lo que sigue, ésta es una parte importante de la tarea exegética, pero es solamente la mitad del camino si no se estudian de veras los evangelios mismos, ya que éste es el único contexto verderamente seguro que se tiene.

Teniendo en cuenta estos asuntos preliminares, ahora se puede pasar a los pasos del proceso exegético.

Paso 9 (Ev). *Determine el carácter formal del fragmento o el dicho.*

9.1 (Ev). *Identifique el tipo literario general.*

¿Es el fragmento u oración una narración o un dicho? O ¿es una combinación de los dos, una historia con pronunciamiento? Cada uno de esos tipos funciona de manera diferente.

9.2 (Ev). *Identifique la forma literaria particular.*

Si el fragmento es una narración, ¿es la historia de algún milagro? ¿Tiene todas las características formales de tales historias? ¿Es una historia *acerca* de Jesús, o de Juan el Bautista? De tal narración podría preguntarse, ¿por qué se conservó en la tradición? ¿Qué dice de importancia acerca de Jesús por el hecho mismo de su conservación? Más importante, ¿cómo sirve ahora el relato en la narración del evangelista? ¿Para reforzar una enseñanza? ¿Como parte de una serie que ilustra algún aspecto de la misión o el mensaje de Jesús?

Si el pasaje es un dicho, ¿qué clase de dicho es? ¿Es parábola, símil, dicho apocalíptico o de sabiduría, declaración profética, un texto de materia legal? ¿Tiene elementos poéticos? ¿Emplea hipérbole, ironía, metáfora, paradoja? ¿Cuánto ayuda el análisis de la forma a identificar el público? ¿Qué parte juega en la comprensión? Por ejemplo, no se pretende que se alegorice un proverbio con metáforas como el de Mt 24:28 ("Porque dondequiera que estuviere el cuerpo muerto, allí se juntarán las águilas" RVR '60). El proverbio entero tiene un propósito único, y la metáfora del cadáver y los buitres trata de enfatizar una realidad de la consumación del reino. La pregunta exegética es: ¿Qué dice acerca de la consumación? ¿Su premura, inevitabilidad o visibilidad?

Paso 10 (Ev). *Analice el fragmento en una sinopsis del evangelio* (véase II.6).

Ya que cada escritor de los evangelios seleccionó, organizó y adaptó el material tradicional disponible, es importante para la exégesis de cualquiera de los evangelios ver cómo está relacionado el fragmento del evangelio en consideración con los otros evangelios. Para hacer esto uno debe aprender a usar una sinopsis de los evangelios, como se bosqueja en II.6.

Este análisis consta de tres preguntas. (NOTA: "Tradición triple" significa que el fragmento se encuentra en Marcos, Mateo y Lucas; "tradición doble" significa Mateo y Lucas; "tradición única" significa que aparece sólo en uno de los evangelios: Mateo o Lucas).

10.1 (Ev). *Selectividad*

Este asunto tiene que ver con el hecho de que el fragmento se halla en el evangelio que se analiza. ¿Se encuentra también en uno o más de los otros? ¿Está su inclusión relacionada con los intereses especiales conocidos del evangelista?

10.2 (Ev). *Organización*

La pregunta aquí tiene que ver con el presente contexto literario del fragmento. Aquí en particular, como con 10.3 (Ev), es necesario consultar el capítulo II. Estos pasos son importantes porque son la revelación del prisma a través del cual el evangelista ve a Jesús y su enseñanza.

La cuestión de la organización es: ¿por qué se incluye el dicho (fragmento) en este lugar específico? ¿Está en el mismo contexto en los otros evangelios? Si es diferente, ¿está en una clase de contexto similar o diferente (i.e., escatológica, enseñanza sobre el discipulado, etc.)? ¿El presente contexto, en comparación con el otro o los otros, dice algo acerca de los intereses especiales del escritor del evangelio?

Debe tenerse cuidado aquí. Es del todo posible que un evangelista incluyera un fragmento en un punto determinado simplemente porque ya estaba en ese contexto en la tradición (véase, por ejemplo, ¡cuánto del material de Marcos los otros evangelistas no reorganizaron!); y por tanto puede que él no pretende decir nada con su organización presente. En este respecto es necesario tener cuidado especial acerca de Marcos y Juan. Es decir, ellos también pueden haber seguido secuencias ya disponibles en sus fuentes y no siempre tener un significado especial para su organización. Por otra parte, ya que la vasta mayoría de los materiales (principalmente dichos) en la tradición doble no están en secuencia, puede suponerse que lo mismo es cierto en cuanto a Marcos y Juan (i.e., que la secuencia es de ellos).

10.3 (Ev). *Adaptación*

Aquí la cuestión tiene que ver con la separación de la adaptación del autor del fragmento a su evangelio del material de la tradición que tenía a su disposición. De nuevo, es necesario consultar el capítulo II (II.6.3 y 6.6).

¿El autor ha añadido u omitido algo? ¿Cuáles cambios verbales ha hecho? ¿Son solamente de estilo o más sustanciales? ¿Revelan los cambios los intereses del autor o su énfasis peculiar? ¿La adaptación de su fragmento se acomoda a una serie de tales cambios, bien en el contexto amplio del fragmento o en todo el evangelio?

Mientras usted completa esta parte de la exégesis, se percatará de que ha estado tratando con el contexto literario y el histórico del evangelista. Es decir, ¿por qué incluyó ese fragmento en ese lugar con esos énfasis especiales? Pero hay otro factor que necesita consideración y es el contexto histórico de Jesucristo.

Paso 11 (Ev). *Considere el medio ambiente posible en el ministerio de Jesús.*

El interés aquí tiene que ver especialmente con los dichos (enseñanzas) de Jesucristo, ya que muchos se trasmitieron en la tradición oral separada de su contexto histórico original; los evangelistas les dieron el contexto literario actual. Es por tanto de alguna importancia exegética analizar los dichos en cuanto a su posible medio ambiente en el ministerio de Jesucristo.

Este análisis se puede hacer mejor en términos del público. Dada la naturaleza del *contenido* de la enseñanza, ¿se dio originalmente a los discípulos, las multitudes o los fariseos? ¿La enseñanza se entiende mejor en el contexto de conflicto o de discipulado?

Muchas veces, por supuesto, no será posible determinar esto y simplemente deberá aceptarse el presente contexto del evangelio. Pero en algunos casos, por ejemplo, donde Mateo o Lucas han insertado algo en el esquema de Marcos, o donde Mateo y Lucas tienen materiales idénticos en dos ambientes diferentes, se puede con frecuencia aislar el material y, a base del contenido, presentar un ambiente original muy verosímil de lo dicho. Nótese con cuidado:

    a. Esta es la parte más especulativa de la tarea exegética, así que aprenda usted a "equivocarse por precaución".

    b. Recuperar el significado en el ambiente de Jesús no es la meta principal de la exégesis. Más bien es la determinación del significado del texto en su presente contexto literario, pero el medio ambiente de Jesús debe ser una parte del estudio global.

Exégesis de Hechos (H)

La exégesis de Hechos puede ser difícil para estudiantes y pastores debido a las clases de asuntos que se tratan en el libro. Tales asuntos son básicamente de dos clases: históricos (¿qué sucedía realmente en la vida de la Iglesia Primitiva?) y teológicos o hermenéuticos (¿qué significaba todo eso y qué significa para nosotros hoy?). La buena exégesis debe ser una combinación de lo histórico y lo teológico, sin estar predeterminada por la cuestión hermenéutica.

Es especialmente crucial en la exégesis de Hechos volver al paso 1 y tener una buena comprensión del propósito de Lucas. Ese cuidadoso repaso es necesario antes de proceder más adelante y corresponderá en cierto modo al paso 9 (E) y 9 (Ev). Los siguientes dos pasos entonces cubren los asuntos históricos y teológicos que se acaban de mencionar.

Paso 10 (H). *Investigue las cuestiones históricas.*

En realidad, este paso es muy semejante al paso 11.1 (E) para las epístolas. Se trata aquí de lo que se dice, y por tanto también incluye algunas preguntas de contenido de los pasos 6-8. Así que de manera breve deberá tratar de escribir precisamente lo que Lucas ha dicho en una narración dada. ¿Quiénes son los principales personajes en la narración? ¿Qué hacen? ¿Hay personas, lugares u otros nombres o ideas que debe consultar en el diccionario bíblico?

Paso 11 (H). *Determine el contexto literario.*

Llegamos ahora al asunto crucial para la exégesis de Hechos. ¿Cuál es el propósito de esta narración o enseñanza? ¿Cómo se relaciona con lo que acaba de narrarse? ¿Cómo funciona en la narrativa total de Lucas? ¿Por qué la ha incluido aquí (la cuestión de la selectividad)? ¿Hay algunas peculiaridades en la narración o discurso, en comparación con otras en Hechos, que pudiera dar pistas acerca de los intereses especiales de Lucas aquí?

Antes de pasar a los pasos 12-15, se deben tener dos precauciones en la exégesis de Hechos:

1. La exégesis de los discursos, de una manera general, puede hacerse de modo muy parecido a la de las epístolas. Sin embargo, debe notarse que en su forma *presente* reflejan el estilo y el vocabulario de Lucas (como una nueva redacción que Lucas hace de Marcos). Por lo tanto, siguiendo el estilo de los historiadores helenistas, como Tucídides, Lucas informa lo que en esencia se dijo en un punto determinado, pero él mismo ha escrito el discurso en su forma presente. Aquí especialmente, entonces, la pregunta contextual, por qué se incluye un discurso aquí, es muy importante.

2. Se debe tener mucho cuidado de no hacer una exégesis exagerada de Hechos, al darle mucha importancia al silencio (si Lucas dejo de dicir algo) o al suponer que se buscaba la absoluta precisión. Es característico de los historiadores helenistas pintar cuadros vívidos de acontecimientos reales y no necesariamente presentar la árida crónica de un informe policiaco. Esta es historia que también es relato.

Exégesis del libro de Apocalipsis (A).

Apocalipsis ha sido con frecuencia un libro cerrado, en parte por las dificultades inherentes del molde apocalíptico en el cual está vaciado y en parte por las muchas aplicaciones especulativas hechas por personas que no entienden lo apocalíptico.

Debido a la general falta de conocimiento de la forma literaria de Apocalipsis, en este caso será bueno consultar dos o tres comentarios a medida que se hace el trabajo.

Paso 9 (A). *Entienda el carácter formal de Apocalipsis.*

Antes de realizar la exégesis de una visión (o carta) particular en Apocalipsis se necesita una buena comprensión del carácter literario formal del libro, el cual es una combinación única y fina de tres tipos literarios: apocalípsis, profecía y carta.

Ya que las imágenes apocalípticas son a menudo los puntos más difíciles de la exégesis, algunas palabras en especial necesitan agregarse aquí, las cuales sirven de principios y precauciones apropiadas.

9.1 (A). *Determine la fuente o trasfondo de la imagen.*

¿Está la imagen relacionada con el AT? ¿Se usa en otra parte en la literatura apocalíptica, la mitología antigua o la cultura contemporánea? ¿Es una imagen normal de la literatura apocalíptica, o es una imagen "variable" (como el león-cordero en Ap 5, o las dos mujeres en Ap 12 y 17)?

9.2 (A). *Determine el uso presente de la imagen.*

¿Es el presente uso de Juan idéntico a o diferente de su fuente? ¿Ha sido "rota" la imagen y así transformada en una nueva? ¿Hay algunos indicios internos sobre la intención de Juan en el uso de la imagen? ¿Interpreta Juan la imagen? Si es así, mantenga esto con firmeza como un punto de partida para entender otras. ¿Se refiere la imagen a algo general o tiene el propósito de referirse a alguna cosa o acontecimiento definido?

9.3 (A). *Considere las visiones como unidades completas.*

Uno debe tener mucho cuidado de ver las visiones como "un lienzo completo" y no alegorizar todos los detalles. En este aspecto las visiones son como las parábolas. La visión completa expresa algo; los detalles son *(a)* para efecto dramático (Ap 6:12-14) o *(b)* para agregar al cuadro del todo para que los lectores no equivoquen los puntos de referencia (Ap 9:7-11). De ese modo los detalles del sol que se pone negro como tela de cilicio y las estrellas que caen como higos tardíos probablemente no "significan" nada, sino que hacen más impresionante la visión total del terremoto. Sin embargo, en 9:7-11 las langostas con coronas de oro, rostros humanos y cabello largo de mujer ayudan a llenar el cuadro de tal modo que los lectores originales difícilmente podían equivocarse en cuanto al significado, o sea las hordas bárbaras de las afueras del Imperio Romano.

Paso 10 (A). *Determine el contexto histórico.*

Es importante reconocer también los elementos epistolar y profético en el Apocalipsis. De ese modo, cuando uno enfoca una visión (o carta) particular, debe siempre tener conciencia de los dos focos: la persecución de la iglesia, por un lado, y el juicio de Dios contra los perseguidores por otro. Las cartas y las visiones que describen el sufrimiento de la iglesia corresponden a la historia del autor y sus lectores. Las visiones de la ira venidera de Dios, en un estilo profético característico, se deben mantener en tensión entre la historia y la escatología (el juicio temporal contra el fondo del juicio escatológico).

Paso 11 (A). *Determine el contexto literario.*

Para determinar el contexto literario de cualquier visión, usted mismo debe desarrollar primero un marco de referencia adecuado para el todo. Apocalipsis por lo general se puede bosquejar fácilmente a base de sus secciones principales (caps. 1-3, 4-5, 6-7, 8-11, 12-14, 15-16, 17-18, 19-22). Una de las principales preguntas exegéticas tiene que ver con la interrelación de estas secciones para formar el todo.

Después de eso, el asunto del contexto literario de cualquier carta o visión, o parte de ella, es como con las epístolas (paso 11[E]).

C. OTROS PASOS COMUNES A TODOS

Paso 12. *Considere los contextos bíblicos y teológicos más amplios.*

Cuando usted comience a juntar todos sus descubrimientos y en especial a enfocarse en el propósito, o "mensaje", del pasaje, deseará colocarlo en sus contextos bíblicos y teológicos más amplios.

¿Cómo funciona el pasaje dogmáticamente (es decir, como enseñanza o comunicación de un mensaje) en la sección, libro, división, Testamento, Biblia, en ese orden? ¿Cómo se compara el pasaje, o sus elementos, con otras Escrituras que tratan de la misma clase de asuntos? ¿A qué es semejante o de qué se diferencia? ¿Qué depende de esto en otra parte? ¿Cuáles otros elementos de las Escrituras ayudan a hacerlo comprensible? ¿Por qué? ¿Cómo? ¿Afecta el pasaje el significado o valor de otras Escrituras de modo que cruza las fronteras literarias o históricas? ¿Qué se perdería o cómo podría el mensaje de la Biblia ser menos completo si el pasaje no existiera?

De modo teológico semejante, ¿dónde encaja el pasaje dentro de toda la revelación de la teología cristiana (dogmática)? ¿Con qué doctrina o doctrinas se relaciona el pasaje? ¿Cuáles son en realidad los problemas, las bendiciones, los intereses, las confidencias, etc., acerca de los cuales el pasaje tiene algo que decir? ¿Cómo los trata el pasaje y con qué claridad? ¿Presenta el pasaje aparentes dificultades a algunas doctrinas mientras soluciona otras? Si es así, trate esa situación de manera provechosa para los lectores (u oyentes).

¿Qué contiene el pasaje que contribuya a la solución de asuntos doctrinales o apoye soluciones presentadas en otras partes de las Escrituras? ¿Cuán grande o cuán pequeña es la contribución del pasaje? ¿Cuán seguro puede estar usted de que el pasaje, bien comprendido, tiene la importancia teológica que se propone atribuirle? ¿Armoniza su enfoque con el de otros teólogos y eruditos que hayan analizado el pasaje?

Paso 13. *Acumule una bibliografía de fuentes secundarias y* *lea mucho.*

13.1. *Investigue lo que otros han dicho acerca del pasaje.*

Aun cuando usted haya consultado comentarios, gramáticas y muchos otros libros y artículos en el proceso de completar los pasos precedentes, es necesario que ahora emprenda una investigación más sistemática de la literatura secundaria que pueda aplicarse a su exégesis. Para que la exégesis sea un trabajo propio y no simplemente un compendio mecánico de las opiniones de otros, es sabio pensar sus propias ideas y llegar a sus propias conclusiones lo más posible antes de este paso. De otro modo, no hará una exégesis del pasaje sino una evaluación de las exégesis de otros y, así garantizará que no irá más allá de lo que ellos hayan realizado.

Ahora, sin embargo, es el momento apropiado de preguntar lo que varios eruditos opinan acerca del pasaje. A medida que lee, esté alerta a las siguientes preguntas: ¿Cuáles puntos han destacado ellos que usted pasó por alto? ¿Han dicho ellos algo mejor? ¿A qué le han dado más peso? ¿Puede señalar cosas que ellos han dicho que sean objetables o erróneas? Si en su opinión otros comentaristas están equivocados, puntualice esto usando notas al pie de página para diferencias menores y la parte principal del ensayo para las más significativas.

13.2. *Compare y adapte.*

¿Las opiniones de otros eruditos le han ayudado de alguna manera a cambiar su análisis? ¿Han enfocado ellos el pasaje o algunos aspectos de una manera más aguda o que conduzca a conclusiones más satisfactorias? ¿Organizan su exégesis de una mejor manera? ¿Dan consideración a implicaciones que usted ni siquiera ha considerado? ¿Suplementan los descubrimientos de usted? Si es así, no dude en revisar sus conclusiones propias o los procedimientos de los pasos precedentes dando el crédito debido en cada caso, pero nunca piense que debe cubrir en su exégesis todo lo que otros hacen. Rechace lo que no parezca pertinente, y limite lo que se vea fuera de proporción. Usted decide, no ellos.

NOTA: El estudiante no está obligado a reproducir textualmente las interpretaciones de los demás, pero sí está obligado a valorar críticamente lo que lee. Antes de poder decir "no estoy de acuerdo", se debe poder decir "entiendo". Es axiomático que antes que se apunte la crítica se debe poder citar la posición del autor en términos que le sean aceptables. Después de eso, usted puede seguir en cualquiera de estas seis direcciones:

a. Mostrar donde el autor está *mal informado.*

b. Mostrar donde el autor *no está informado.*

c. Mostrar donde *le falta armonía* al autor.

d. Mostrar donde el tratamiento del autor es *incompleto.*

e. Mostrar donde el autor *interpreta mal* por suposiciones o procedimientos defectuosos.

f. Mostrar donde el autor *hace contribuciones valiosas* al debate del caso.

13.3. *Aplique sus descubrimientos a través de su ensayo.*
No incluya una sección separada de descubrimientos de la literatura secundaria en ningún borrador del ensayo. No considere este paso como la creación de un bloque único de información dentro del ensayo. Los descubrimientos deben producir adiciones o correcciones, o ambas, en muchos puntos a través de la exégesis. Vea que un cambio o adición en un punto no contradice declaraciones hechas en otra parte del ensayo. Considere las implicaciones de todos los cambios. Por ejemplo, si adapta el análisis textual a base de la evaluación de algo de la literatura secundaria, ¿cómo afectará esto la traducción, la información lexicográfica, y otras partes de la exégesis? Propóngase lograr la coherencia y el equilibrio en todo el trabajo. Eso afectará considerablemente la capacidad del lector para apreciar sus conclusiones.

13.4. *Sepa cuándo citar.*
Una de las dificultades comunes de los ensayos de estudiantes es una fuerte tendencia a la abundancia de citas. Por lo general el uso de citas debe limitarse a los siguientes cuatro casos:

13.4.1. Citar cuando es necesario o importante usar las palabras exactas del autor para no mal interpretarlo.

13.4.2. Citar cuando es necesario para una presentación clara o convincente de una opción.
Muchas veces una cita de esta clase estará al comienzo de una sección o párrafo como punto de partida.

13.4.3. Citar cuando es útil para el impacto psicológico sobre el lector.
Por ejemplo, a menudo es útil citar alguna autoridad bien conocida que sostiene la opinión que se está defendiendo. A veces eso es especialmente útil si lo que se dice puede ser contrario a las expectativas ordinarias de uno.

13.4.4. Citar cuando un autor dice algo claramente mejor de lo que usted podría, o cuando se dice de una manera claramente notable.

13.5. *Conozca los usos de la anotación.*
Se debe aprender a dar el debido crédito a fuentes secundarias en notas de pie de página (o notas al final del capítulo o libro) y

bibliografía. Es axiomático, por supuesto, que se debe documentar siempre una cita o referencia a una opinión o fuente. Las notas pueden usarse, a menudo para que el ensayo sea más fácil de leer o para mostrar que está mejor informado, en los casos siguientes:

13.5.1. Use notas para enumerar más materiales bibliográficos. Esto le dice al lector que usted está al tanto de otros que comparten la misma opinión o una semejante. También dará al lector ayuda adicional para su propio estudio independiente.

13.5.2. Use notas para comparar opiniones diferentes.

Por supuesto, a veces es crucial al ensayo citar opiniones diferentes en la parte principal del texto, pero con frecuencia tales diferencias pueden explicarse de manera más conveniente en las notas.

13.5.3. Use notas para reconocer dificultades técnicas que son importantes pero que van más allá del enfoque del ensayo o están fuera del propósito inmediato.

13.5.4. Use notas para desarrollar argumentos o implicaciones periféricas.

13.5.5. Use notas para mostrar listas más extensas de citas o referencias de fuentes primarias o para diagramas.

13.5.6. Use notas para referirse a otra sección del ensayo.

Paso 14. *Proporcione una traducción final* (opcional).

Después de completar la investigación y estar listo para escribir el borrador final, coloque la traducción final inmediatamente después del texto. Use anotaciones (notas al pie de página) para explicar selecciones de redacción que pudieran ser sorprendentes o no resultar obvias para el lector. Uno no está obligado, sin embargo, a explicar ninguna palabra que fue también escogida por varias versiones modernas. Use las notas para decir al lector otras posibles traducciones de una palabra o frase que se considere con mérito. Hágase eso especialmente donde se hallen dificultades para escoger entre dos o más opciones.

Paso 15. *Escriba el ensayo.*

Aunque es cierto que puede haber muchos formatos aceptables para la redacción del ensayo, las siguientes pautas representan la lógica fundamental del ensayo, y se pueden seguir con confianza.

15 (E). *Para las epístolas*

15.1 (E). *Problemas*

Si el pasaje es un "pasaje problemático", o que ha suscitado diferencias de opinión, eso debe exponerse en el primer párrafo o los primeros dos párrafos. No deje que esto se alargue mucho, pero debe ser bastante completo para que el lector tenga una buena visión general de los asuntos.

15.2 (E). *Contextos*

Por otra parte los párrafos introductorios deben colocar el pasaje en los contextos histórico y literario.

a. Dé el contexto histórico primero, pero no dedique mucho tiempo, si es el caso, a asuntos de introducción general. Describa la situación histórica tanto como sea necesario; pero ¡no haga de esto todo el ensayo!

b. Entonces siga el argumento hasta su pasaje. Brevemente exponga el argumento general, entonces indique de modo claro los pasos que conducen a su párrafo.

15.3 (E). *Vista global*

Luego presente una vista general del pasaje. ¿Cuál es el *propósito* de este párrafo? ¿Cuál es su propia lógica y contribución al argumento? (Se notará que esto es básicamente volver a escribir el paso 11 [E], mencionado antes).

15.4 (E). *Argumento*

Por último, siga el argumento mismo en algún detalle, determinando juiciosamente lo que de los pasos 3 y 5-8 necesita formar parte del texto principal del ensayo y lo que necesita referirse en notas.

15.5 (E). *Conclusión*

Concluya de cualquier modo que pueda sintetizar mejor el ensayo.

15 (Ev). *Para los evangelios*

La tarea de escribir aquí se determina más a menudo por la clase de fragmento o enseñanza de que se trata.

15.1 (Ev). *Apertura*

Por lo general, la apertura indicará el problema, y algunas veces proporcionará un resumen de opciones presentadas por eruditos.

15.2 (Ev). *Contexto*

Al llegar al fragmento o enseñanza, se debe usualmente comenzar por determinar, si es posible, si el presente contexto literario se atribuye al evangelista o a la tradición (i.e., se debe anotar con cuidado dónde y cómo aparece en los otros evangelios).

15.3 (Ev). *Sitz im Leben Jesu*

En seguida usted debe tomar de la literatura las diversas

teorías, o ramificaciones, en cuanto al medio ambiente de Jesús. Esto con frecuencia incluirá:

a. Una presentación del pro y el contra de la autenticidad.

b. Los diversos asuntos de contenido (texto, palabras, etc.), que incluyen sobre todo el trasfondo histórico-cultural.

c. Un estudio de la probable forma "original" del material, en especial las enseñanzas.

No dedique una excesiva cantidad de tiempo a (a) y (b). Por ejemplo, en la mayoría de los ensayos de exégesis se puede suponer la autenticidad si uno así lo desea, pero es entonces apropiado agregar una nota para reconocer a los eruditos que puedan pensar de otra manera, y por qué.

15.4 (Ev). *Significado*

Por último, se debe presentar el significado del fragmento en su forma y contexto presentes, incluso el significado tal como el evangelista lo usó. Este, después de todo, es el nivel canónico y es el "significado" que se debe proclamar.

D. LA APLICACION

En algunos cursos de seminarios, se pide también que el estudiante incluya un sermón, o un resumen de sermón, con la exégesis. En tal caso se llega a la tarea que es a la vez la más difícil y la más provechosa, es decir, pasar del primer siglo al presente, sin abandonar la exégesis, por un lado, pero sin volver a presentarla (como si constituyera predicación), por el otro. La tarea es tomar el propósito (o varios propósitos) del pasaje analizado y hacer de ese propósito un mensaje vivo para una congregación actual. Esto requiere una imaginación viva y el trabajo arduo de pensar, como también la capacidad de haber hecho la exégesis bien. Ya que la predicación es arte y evento, y también exégesis sólida, no hay "reglas" para escribir el sermón. No obstante damos algunas sugerencias.

1. La predicación bíblica del NT es, por definición, la tarea de causar un encuentro entre personas del siglo actual con la Palabra de Dios que se proclamó por primera vez en el primer siglo. La tarea del exégeta es descubrir esa Palabra y su significado para la iglesia del primer siglo; la tarea del predicador es conocer bien a las personas a quienes esa Palabra se ha de proclamar ahora de nuevo. Así que los buenos sermones comenzarán en cualquiera de los dos lugares: (1) con el texto bíblico que entonces se aplica a las personas (pero eso debe hacerse con consumada destreza para no fastidiar a las personas hasta que se llegue a donde están); o (2) con las necesidades de las personas a las cuales este texto va a

hablar (ésta tiende a ser la ruta más "segura").

2. Antes de escribir el sermón, uno debe sentarse y clarificar tres cosas, por escrito, como guías para el sermón:

a. El *propósito o propósitos principales* del texto bíblico que quiere proclamarse. **Precaución:** No se sienta obligado a tocar cada punto exegético, sino solamente los que contribuyan al sermón presente.

b. El *propósito* del presente sermón, es decir, cómo los puntos anteriores se pueden aplicar.

c. La *reacción* que se espera que el sermón logre.

3. Ya debe haber surgido un bosquejo. Será bueno escribir el bosquejo y mantenerlo a la vista, junto con las tres guías, mientras se escribe.

4. Si los requisitos del curso exigen un resumen, hágase todo lo anterior, y dé lo suficiente del contenido para que se pueda no sólo ver el bosquejo sino también "sentir" la urgencia del mensaje.

II

La exégesis y el texto original

E ste capítulo consta de una amplia variedad de ayudas para la exégesis, las cuales deben introducirse en varios puntos en el proceso bosquejado en el capítulo I. Hacer esto en un segundo capítulo tiene un doble propósito: (1) evitar que el estudiante de la exégesis se atasque en los detalles del capítulo I, y no pueda ver el todo por la consideración de las partes; y (2) presentar un método práctico para abordar los componentes (cómo hacer la lectura del texto griego, cómo sacar el máximo provecho posible de un vocablo del *Léxico* de Bauer, y así sucesivamente).

Para muchos, el estudio de este material será como la experiencia de un pentecostal que trata de adorar en una iglesia litúrgica. Al principio, tal persona casi no puede adorar porque no sabe cuando volver la página o arrodillarse, pero una vez que aprende los movimientos apropiados, puede concentrarse en la adoración. Es igual aquí. Deben aprenderse estos detalles. Al principio parecen un estorbo o, quizá peor, el todo o la parte más importante del proceso. Sin embargo, una vez que se han aprendido bien, los tiempos de "estar de pie o arrodillarse" se volverán más automáticos.

En contraste con el capítulo I, aquí daremos varios *ejemplos* de la manera de emprender el proceso.

A los que no sepan griego se les alienta a leer el material con cuidado y aprovecharlo tanto como sea posible. Se dan traducciones donde puedan contribuir a una mejor comprensión. Para que este material resulte más provechoso, hay que aprender por lo menos el alfabeto griego. De ese modo los estudiantes pueden buscar solos las palabras en los léxicos y concordancias.

1. ESTABLECIMIENTO DEL TEXTO (véase I.3).

Esta sección procura serle útil a usted de dos maneras: (1) le enseña a leer los materiales de las dos ediciones básicas del NT griego·

Nestle-Aland, *Novum Testamentum Graece*, 26a edición (NA²⁶), y *El Nuevo Testamento griego* de las Sociedades Bíblicas Unidas, 3a edición (UBS³); e (2) ilustra el proceso de tomar decisiones textuales yendo por los diversos pasos. Las ilustraciones se tomarán de los tres grupos de variantes en Jn 3:15 y 13.

1.1. *Aprenda bien algunos conceptos fundamentales acerca de la crítica textual del NT.*
Para el estudio de esta sección es necesario aprender bien algunos asuntos básicos:

1.1.1. La palabra *variante*, o *unidad de variación* se refiere a aquellos lugares donde dos o más manuscritos (MSS.) griegos, u otras evidencias, cuando se leen comparativamente, tienen diferencias de redacción.

1.1.2. Todas las variantes pueden ser accidentales (errores de vista, oído o mente) o deliberadas (en el sentido de que el copista consciente o inconscientemente trató de "mejorar" el texto que copiaba).

1.1.3. Las variaciones pueden ser de cuatro clases:
   1. *Adición*: Un escriba (copista) agregó una o más palabras al texto que copiaba. En NA²⁶ el símbolo para "adiciones" es T (véase p. 45 en la introducción del NA²⁶). Eso significa que los MSS. enumerados después de este símbolo tienen algunas palabras adicionales que no se encuentran en los MSS. seguidos por el NA²⁶ en ese punto.
   2. *Omisión*: Un escriba omitió una o más palabras del texto que copiaba. En NA²⁶ los símbolos o y ◻ˇ se usan para "omisiones" (o para una palabra, ◻ˇ para dos o más). (Debe notarse que depende de la perspectiva personal si una palabra se "agrega" o se "omite". Si el MS. A tiene una palabra que no se encuentra en el MS. B, entonces A "agregó" algo a un texto como B, o a la inversa B "omitió" algo de un texto como A).
   3. *Transposición*: Un escriba alteró el orden de las palabras (o algunas veces el orden de la oración) del texto que copiaba. En NA²⁶ el símbolo de transposiciones es S ↄ (o algunas veces ⌐ ˋ, cuando también está implicada la "sustitución").
   4. *Sustitución*: Un escriba sustituyó con una palabra, o palabras, una o más encontradas en el texto que copiaba. El símbolo para esto puede ser ⌐ (para una palabra) o ⌐ ˋ (para dos o más palabras).

1.1.4. Las causas de variación son muchas y diversas. Las variaciones accidentales son básicamente el resultado de errores de vista, oído o mente. Las variaciones deliberadas pueden deberse a varias razones como armonización, clarificación, simplificación, mejoramiento del estilo griego o teología. NOTESE BIEN: La vasta mayoría de variantes "deliberadas" fueron intentos por "mejorar" el texto de alguna manera, para hacerlo más legible o inteligible.

1.1.5. La meta de la crítica textual es determinar, si es posible, cuál versión en cualquier punto de variación es más probablemente el texto original, y cuáles versiones son las erróneas.

NOTESE BIEN: No todas las variantes textuales en el aparato de NA^{26} tienen importancia exegética en el sentido de que el significado del texto sea afectado en alguna manera. La tarea del paso 3 en el proceso exegético (I.3) es establecer el texto original para todas las unidades de variación; pero solamente las que afecten el significado se deben presentar en el ensayo, y aun entonces uno debe aprender a discriminar entre las variantes que requieran un estudio exegético substancial y las que se anoten sólo de paso. La capacidad para discriminar vendrá con la experiencia. Algunas sugerencias surgirán de la exposición que sigue.

1.2. *Exponga cada variante textual junto con su evidencia de apoyo.*

Aunque con mucha práctica es posible aprender a hacer esto simplemente con una mirada al aparato textual, es mejor al comienzo escribir los datos. Empecemos con las variantes de Jn 3:15 en el texto de Nestle-Aland. La primera se señala con las marcas ⌐ ⌐ alrededor de *en autó* (en él), la segunda por la marca **T** después de *autó*.

Para la primera unidad de variación (*en autó*, etc.) se encontrarán tres variantes básicas enumeradas en el aparato, con evidencia de apoyo. Nótese que una cuarta variante se halla entre paréntesis; en NA^{26} un paréntesis en este punto del aparato significa que la(s) palabra(s) griega(s) en el paréntesis debe(n) sustituir (o, con un signo más [+], se debe(n) agregar) a la(s) palabra(s) inmediatamente precedente(s) para formar otra variante. Se notará también que las evidencias entre paréntesis se repiten en la lista de variantes básicas. Esto significa que los editores consideran que P^{63} y A apoyan la variante *eis autón;* sin embargo, estas dos evidencias tienen la preposición *ep'* en lugar de *eis*. Para los fines textuales el *ep' autón* debe considerarse una cuarta variante. Debe notarse también que en el NA^{26} la versión del texto, cuando aparece en el aparato, siempre se coloca al final. Esta información se puede exhibir así:

(1) *en autó*　　P⁷⁵ B W⁻ 083 0113 *pc*
(en él)

(2) *eis autón*　　א Θ Ψ 063 086 *f*¹·¹³ 𝔐
(dentro de él)

(3) *ep' autó*　　P⁶⁶ L *pc*
(sobre él)

(4) *ep' autón*　　P⁶³ᵛⁱᵈ A
(en él)

La evidencia de apoyo se puede interpretar con la lectura de las páginas 47*—50* y 54*—66* en la Introducción, y la comprobación de la información de los manuscritos dada en las páginas 684-716. Así, por ejemplo, la variante 1 se apoya en P⁷⁵ (un papiro del tercer siglo), B (un uncial del siglo cuarto), Wᵃ (el texto suplido de otra fuente por este uncial del siglo quinto), 083 (un uncial del siglo sexto o séptimo), 0113 (parte de un uncial del siglo quinto), más otros pocos. De este modo uno puedo brevemente analizar el apoyo para cada variante. Nótese que la gótica enumerada para la variante 2 incluye la vasta mayoría de los MSS. griegos posteriores (véase p. 47*).

De modo similar, la segunda unidad de variación se puede desplegar de ese modo. (El 16 entre paréntesis en este caso indica una asimilación probable al v. 16).

(1) *me apóletai all'*　　P⁶³ A Θ Ψ 063 *f*¹³ 𝔐 lat syˢ·ᵖ·ʰ boᵐˢ
(no perezca sino)

(2) *omitido*　　P³⁶ P⁶⁶ P⁷⁵ א B L W⁻ 083 086 0113 *f*¹
33 565 *pc* a fᶜ syᵉ co

En este caso hay más evidencias de las versiones. Por ejemplo la variante 2 tiene el apoyo de el antiguo MS. latino "a" (siglo cuarto) y el corrector del antiguo MS. latino "f" (f es un MS. del siglo sexto), más uno del antiguo siríaco (el Curetoniano) y las versiones coptas (excepto un MS. del Bohárico).

Para más información acerca de más evidencias de apoyo, uno puede dirigirse a la UBS³. Esta edición tiene menos unidades de variación en su aparato; las que aparecen se escogieron fundamentalmente porque se juzgó que tenían importancia exegética. Así solamente la primera de las dos unidades en Jn 3:15 aparecen en UBS³. Dos cosas deben conocerse acerca de esta evidencia adicional:

a. Aunque el griego de UBS y su evidencia de versiones es por lo general muy confiable, se notará que hay dos conflictos con NA²⁶ (083 y P⁶³ᵛⁱᵈ). En tales casos se puede esperar que Nestle-Aland sea el aparato más confiable.

b. Los editores reconocen (p. xxxvi) que la evidencia patrística no siempre es confiable. Tanto que sería mejor comprobar el texto del padre eclesiástico uno mismo antes de citar esa evidencia con confianza.

Usted ya está preparado para evaluar las variantes a base de los criterios externo e interno. Antes de proceder, sin embargo, debe notarse que, en cuanto a la primera variante en Jn 3:15, no habría sido fácil que un estudiante la resolviera solo. Se escogió en parte por esa razón, para familiarizar al estudiante con las clases de preguntas que necesitan hacerse y la clase de decisiones que hay que tomar.

1.3. *Evalúe cada variante con los criterios para juzgar la evidencia externa.*

(Véase Metzger: *Textual Commentary* [Comentario Textual], pp. xxv-xxvi.) Son básicamente cuatro:

1.3.1. *Determine la fecha de las evidencias que favorecen cada variante.*

El interés aquí, por supuesto, tiene que ver principalmente con la evidencia más temprana; todas las cursivas datan del siglo diez y después. ¿Tiene algunas variantes evidencia de apoyo más temprana que otras? ¿Tiene una variante la mayoría de las evidencias más antiguas? ¿Algunas variantes no tienen apoyo apoyo temprano?

1.3.2 *Determine la distribución geográfica de las evidencias (en especial las más antiguas) que favorecen cada variante.*

La importancia de este criterio es que si una variante dada tiene apoyo antiguo y geográficamente amplio, es muy probable que esa versión sea muy antigua y cercana al original, si no el original mismo.

1.3.3. *Determine el grado de relación textual entre las evidencias que apoyan cada variante.*

Este criterio está relacionado con 1.3.2. Aquí se trata de determinar si las evidencias de una variante dada están todas relacionadas textualmente o si proceden de una variedad de grupos textuales. Si, por ejemplo, todas las evidencias de una variante son del mismo tipo de texto, es posible, muy probable en muchos casos, que esa variante sea una peculiaridad textual de esa familia. (Para una lista parcial de evidencia por tipo textual, véase el *Textual Commentary*, pp. xxix-xxx.)

1.3.4. *Determine la calidad de las evidencias que favorecen cada variante.*

Este no es un criterio que resulte fácil de manejar para los estudiantes. En realidad, algunos eruditos argüirían que es un criterio inaplicable, o por lo menos subjetivo. No obstante algunos MSS. se pueden juzgar como superiores a otros por criterios bastante objetivos como pocas armonizaciones, menos mejoras estilísticas, etc. Si desea leer más acerca de muchas de las evidencias más importantes y su calidad relativa, puede hallar uno de los siguientes de utilidad:

> Bruce M. Metzger, *The Text of the New Testament* [El texto del Nuevo Testamento]; 2a ed. (Oxford University Press, 1968), pp. 36-92.

> Frederic G. Kenyon, *The Text of the Greek Bible* [El texto de la Biblia en griego]; 3a ed. rev. por A. W. Adams (Londres: Gerald Duckworth & Co., 1975), pp. 63-111.

Puede hallarse de provecho en este punto reordenar la evidencia externa en la forma de un diagrama que dé una imagen visual inmediata de las evidencias de apoyo por fecha y tipo de texto. La manera más fácil de hacerlo es dibujar cuatro columnas verticales en una hoja de papel para los cuatro tipos de textos (Egipcio, Occidental, Cesareano y Bizantino), cruzadas por seis líneas horizontales para los siglos II, III, IV, V, VI—X y XI—XVI. Entonces póngase la evidencia externa en el cuadro apropiado, un muestra para cada variante.

Cuando estos criterios se aplican a la primera unidad de variación en Jn 3:15, las variantes 1 y 2 surgen como las opciones más viables, con la variante 1 ligeramente favorecida, por la calidad bien establecida de P^{75} y B, y porque la evidencia más temprana de la variante 2 está en la tradición "Occidental" la cual es notoria por las armonizaciones (en este caso al v. 16).

En el caso de la segunda unidad de variación la evidencia se carga abrumadoramente en favor de la versión más corta (falta *mé apóletai all'*) como el texto original.

Sin embargo, a pesar de la importancia de esta evidencia, no es decisiva en sí; así que uno necesita pasar a las preguntas de la evidencia interna.

1.4. *Evalúe cada variante según el estilo y el vocabulario del autor (el criterio de la probabilidad intrínseca).*

Este es el más subjetivo de todos los criterios y, por tanto, se debe usar con precaución. También tiene más limitada aplicación, porque a menudo dos o más variantes pueden conformarse al estilo del autor. No obstante, éste es con frecuencia un criterio muy importante, de varias maneras.

Primera: el criterio del uso del autor puede usarse de modo más bien negativo para eliminar, o al menos sugerir como muy sospechosa, una o más de las variantes, y de ese modo reducir el campo de opciones. Segunda: a veces este puede ser el criterio decisivo cuando todos los otros parecen conducir a un estancamiento. Tercera: puede apoyar otros criterios, cuando no puede ser decisivo en sí.

Veamos cómo este criterio se aplica a la primera unidad de variación en Jn 3:15. Primero usted debe preguntarse: ¿cuál de las variantes se adapta mejor al estilo de Juan? En este caso, y a menudo en otros, debe estar consciente de cuál opción es la mejor o la peor en griego. Hay varias maneras de saberlo: (1) Pueden descubrirse varias cuestiones de uso mediante la lectura de un léxico (véase II. 4) o revisando una de las gramáticas avanzadas (véase II.3.2.1). (2) De mucha importancia es que uno solo puede descubrir mucho con el uso cuidadoso de una concordancia (véase la nota bibliográfica después de II.4.3).

En este caso, cotejando *pisteúo* (creer) en la concordancia se descubrirá que en el Evangelio según San Juan este verbo toma como su complemento *autó* (él) o *eis autón* (dentro de él), pero nunca las otras tres opciones. Debe notarse también que *ep' autó* o *ep' autón* los usan también otros escritores del NT. Un vistazo al *Léxico* de Bauer o a una de las gramáticas avanzadas revelará configuraciones similares, es decir, que *pisteúo* puede tomar como complemento *autó* (él) o una de las formas preposicionales *eis autón* (dentro de él), *ep' autó* (sobre él), o *ep' autón* (sobre él), pero que *en autó* (en él) es raro.

Según el estilo de Juan, por tanto, uno puede propiamente descartar *ep' autó* y *ep' autón*. Esas parecen corrupciones de una de las otras dos. ¿Pero qué haremos con *en autó*, la cual de ordinario nunca se usa como el complemento de *pisteúo*, pero que tiene la mejor evidencia externa? La respuesta debe ser que no es el complemento de *pisteúo*, sino que va con el siguiente *éje zoén aiónion* (tenga vida eterna), designando la fuente o el fundamento de la vida eterna. Una verificación en la concordancia revela que tal uso efectivamente es peculiar de Juan, ya que una expresión similar, en este orden de palabras, se encuentra en 5:39 (cf. 16:33).

Así que con este criterio hemos reducido las opciones a *ho pisteúon eis autón* (el que cree en él) o *en autó éje zoén aiónion* (en él puede tener vida eterna), expresiones peculiares de Juan.

Debe anotarse, por último, que este criterio no siempre es útil para tomar decisiones textuales. Por ejemplo, las palabras *me apóletai all'* (no se pierda sino) son obviamente de Juan, ya que ocurren en el v. 16. No obstante, su ausencia en el v. 15 sería igualmente peculiar de Juan.

1.5. *Evalúe cada variante con los criterios de la probabilidad de trascripción.*

Estos criterios se relacionan con las clases de errores o cambios que los copistas con más probabilidad hayan hecho al texto, dado que una de las variantes es la original. (Están convenientemente expuestos en el *Comentario Textual* de Metzger, págs. xxvi-xxvii). Deben notarse dos cosas acerca de ellos: (1) No todos los criterios son aplicables al mismo tiempo para cualquier unidad de variación dada. (2) La regla principal es está: la versión que mejor explique cómo aparecieron las otras se debe preferir como el texto original.

Mediante estos criterios se puede observar que ahora la variante *en autó* aparece con más claridad como el texto original en Jn 3:15.

En primer lugar, es la versión más difícil. Es decir, dada la elevada frecuencia de *pisteúein eis autón* (creer en él) en Juan, es fácil ver como un copista pudo haber pasado por alto el hecho de que *en autó* (en él) va junto con *éje zoén aiónion* (tenga vida eterna) y, reconociendo también que *ho pisteúon en autó* era un griego deficiente, habría cambiado *en autó* a la forma más común. El hecho que *ho pisteúon en autó* sería tan mal uso del griego también explica la aparición de *ep' autó* y *ep' autón*. Es decir, las dos son "correcciones" que testifican de un texto original con *en autó*, y no *eis autón*. A la inversa, no hay una buena explicación de por qué un escriba cambiaría *eis autón* a cualquiera de las otras formas, ya que *ho pisteúon eis autón* tiene perfectamente buen sentido y ya que nadie parece haber hecho este cambio en ninguna otra parte en Juan.

En segundo lugar, la variante *eis autón* puede explicarse como una armonización con el v. 16. Esto sería especialmente cierto en aquellos casos donde las palabras *mé apóletai all'* fueran asimiladas también del v. 16 de modo que la frase preposicional pudiera ir sólo con *ho pisteúon* y ya no estuviera disponible para ir con *éje zoén aiónion*. De nuevo parece no haber buena explicación, dado el texto firme en el v. 16, de por qué alguien hubiera cambiado *eis autón mé apóletai all'* para que dijera *en autó*, especialmente con las dificultades inherentes que presenta cuando sigue inmediatamente después de *pisteúon*.

Con todo, se puede explicar cómo el autor lo habría hecho. El no pensó siquiera en el hecho de que *en autó* siguiera a *pisteúon*. Una vez que había escrito *ho pisteúon* (el que cree), pasó a dar énfasis a que en el Hijo del Hombre el creyente tendrá vida eterna. Así que escribió *en autó* después de *pisteúon* pero nunca quiso que fuera con esa forma verbal. Sin embargo, los escribas posteriores no entendieron el propósito de Juan y por eso "corrigieron" el texto.

Debe notarse aquí cómo los tres grupos de criterios (evidencia externa, probabilidad intrínseca, y probabilidad transcripcional) han convergido para darnos el texto original. En el ensayo de exégesis, la adición de *mé apóletai all'* puede relegarse a una nota que diga algo así: "Los MSS. latinos antiguos, seguidos por la mayoría tardía de evidencias griegas, agregan *mé apóletai all'*, como asimilación al v. 16. La adición pudo haber ocurrido en griego sólo después que *en autó* se hubiera cambiado a *eis autón*". Por otra parte, se necesita obviamente presentar el intercambio *en autó/eis autón* con cierta extensión porque afectará el propio significado del texto.

Por último, debe notarse que después de mucha práctica es posible tener confianza para hacer sus propias selecciones textuales. Es decir, que no se debe pensar que el texto de NA²⁶ es siempre correcto y por tanto es el texto que se debe usar para la exégesis.

Un ejemplo puede ser la unidad de variación en Jn 3:13. Se notará brevemente que la evidencia externa favorece el texto de NA²⁶, pero en II.1.4. uno debe tomar el punto de vista de un escriba del segundo siglo. ¿Cuál es más probable? ¿Que él tenía un texto como NA²⁶ y agregó *ho ón en tó ouranó* (el que está en el cielo) por razones cristológicas? (Si es así, uno puede preguntar además ¿qué pudo haberlo impulsado a hacerlo precisamente en este punto?) O, por otra parte, que tenía esas palabras en su texto, pero entendió que el v. 13 eran las palabras de Jesús en diálogo con Nicodemo. Si es así, debe haberse preguntado: ¿cómo pudo el que hablaba con Nicodemo haber dicho también que el Hijo del Hombre estaba en ese momento *ho ón en tó ouranó* (el que está en el cielo)? Así que él omitió esas palabras de su copia. La minoría del comité de la UBS³ pensó que la última opción era la más probable. Usted tendrá que tomar su propia decisión, pero puede ver en esto cuán esenciales son para la exégesis las preguntas de la crítica textual.

2. EL ANALISIS ESTRUCTURAL (véase I.5)

Los pasos 5 y 6 del proceso exegético, bosquejado en el capítulo I, se detallan en esta sección y en la siguiente. Estos pasos tratan básicamente de la gramática (todos los elementos básicos para entender la relación de palabras y grupos de palabras en un idioma). La gramática consta de la morfología (el análisis sistemático de clases y estructuras de palabras, inflexiones de sustantivos, conjugaciones de verbos, etc.) y la sintaxis (la organización y las interrelaciones de palabras en construcciones mayores).

El propósito del paso 5 en el proceso exegético es obligar al estudiante a tomar algunas decisiones gramaticales tentativas, y presentar las estructuras del párrafo y el flujo del argumento. Aquí se buscan las relaciones sintácticas de las palabras y grupos de palabras. En II.3, más adelante, examinaremos las cuestiones gramaticales variadas relacionadas con la morfología, la importancia del caso, el tiempo, etc. (paso exegético 6).

Ya que este proceso es casi un asunto individual, no se habla de lo correcto ni de lo incorrecto aquí, pero el procedimiento bosquejado en seguida puede ser de inmensos y permanentes beneficios si uno se toma el tiempo para aprenderlo bien. Es obvio que uno puede, y debe, adaptarlo al estilo propio. Lo que usted haga debe finalmente serle práctico y útil.

2.1. *Haga un diagrama de flujo de oración.*

Los que no dominan el griego deben poder seguir el proceso sin demasiada dificultad. Para su conveniencia se ha incluido una traducción muy literal, pero "rígida", al castellano. Si usted desea hacer un trabajo así a base de una traducción al castellano, también debe usar una de las traducciones más literales, como la Biblia de las Américas, aunque aun allí ya se han tomado algunas de las decisiones sintácticas. Como alternativa puede emplearse un texto interlineal.

Tal vez la forma más útil del análisis estructural es producir un esquema de flujo de oración. Esta es una forma simplificada de diagrama cuyo propósito es describir gráficamente por sangría y subordinación la relación entre palabras y cláusulas en un pasaje. Se comienza en la margen superior izquierda con el sujeto y predicado de la primera cláusula principal y se permite que el párrafo "fluya" hacia la margen derecha alineando elementos coordinados uno bajo el otro y sangrando los elementos subordinados o modificadores. Un análisis de flujo de oraciones, por tanto, incluirá los pasos siguientes (2.1.1 hasta 2.1.5), los que se ilustrarán con 1 Co 2:6, 7.

NOTA: Probablemente usted querrá realizar el trabajo inicial en hojas de borrador, así podrá organizar y reorganizar las oraciones, hasta que vea las coordinaciones, balances, subordinaciones, contrastes, etc.

2.1.1. *Comience con el sujeto, el predicado y el complemento.*

Por lo general es más útil comenzar en la esquina superior izquierda con el sujeto (si está expresado) y el predicado de la primera cláusula principal junto con el complemento (o predicado nominal). En la mayoría de los casos es útil disponer el griego en el orden normal en castellano: sujeto — verbo — complemento. Así en 1 Co 2:6 uno debe comenzar la primera línea como sigue:

laloúmen sofían
hablamos sabiduría

(No es imperativo reordenar las palabras, pero se notará al llegar al v. 7 que estas palabras se repiten, y uno deseará presentarlas como elementos coordinados).

Hay dos excepciones a este procedimiento ordinario:

a. Debe tenerse cuidado en no destruir los énfasis del autor realizados por el orden de las palabras. De ese modo 1 Co 6:1 comienza:

tolmá tis humón
¿Se atreve alguno de ustedes?

y en 1 Co 3:17 probablemente se desee conservar la estructura enfática de Pablo:

(A)	(B)	(C)
eí tis	*tón naón*	*theírei*
Si alguno	el templo	destruye
	toú theoú	
	de Dios	

(C)	(B)	(A)
thereí	*toúton*	*ho theós*
destruirá	este	Dios

b. El último ejemplo también ilustra la segunda excepción, es decir, cuando la oración del autor comienza con una cláusula adverbial (especialmente *ei, eán, hóte, hótan, hos*) por lo general es mejor comenzar el diagrama de flujo con esta cláusula, aun cuando en gramática sea una unidad subordinada.

2.1.2. *Subordine con sangría.*

Se deben subordinar con sangría todos los modificadores adverbiales (i.e., adverbios, frases preposicionales [incluso la mayoría de los genitivos], frases de participios y otras cláusulas adverbiales), cláusulas adjetivas y cláusulas substantivas, preferiblemente bajo la palabra o grupo de palabras que se modifica.

a. *Adverbios* (ejemplo: 1 Ts 1:2):

eujaristoúmen tó theó
Damos gracias a Dios
        pántote
        siempre

b. *Frases preposicionales* (ejemplo: 1 Co 2:6):

laloumen sofían
hablamos sabiduría
        en toís teleíois

entre los maduros
c. *Genitivos* (ejemplo: 1 Co 2:6):
    sofían
    sabiduría
       oudé tón arjónton
       no de los gobernantes
              toú aiónos toútou
              de esta edad

NOTESE BIEN: A diferencia del diagrama de oración, un adjetivo o pronombre posesivo en la mayoría de los casos (como en el ejemplo anterior) acompañará naturalmente al substantivo que modifica.

d. *Participios adverbiales* (ejemplo: 1 Ts 1:2):
    eujaristoúmen...
    Damos gracias...
       poioúmenoi mneían
       cuando hacemos mención

e. *Cláusula adverbial* (ejemplo: 1 Co 1:27):
    ho theós exeléxato tá morá
    Dios escogió las cosas necias
         toú kósmou
         del mundo

<u>*hína*</u>   (véase II.2.1.4
para   para conjunciones)
kataisjúne toús sofoús
avergonzar a los sabios

f. *Cláusula adjetiva* (ejemplo: 1 Co 2:6, donde un participio atributivo funciona como una cláusula adjetiva):
    tón arjónton
    de los gobernantes
       toú aiónos toútou
       de esta edad
    <u>*tón*</u> *katargouménon*
    que se echan a un lado

g. *Cláusula substantiva* (ejemplo: 1 Co 3:16, donde la cláusula que empieza con *hóti* funciona como el complemento del verbo):
    ouk oídate <u>*hóti*</u>
    ¿No saben que
       esté naós
       ustedes son el templo
         Teoú
         de Dios

NOTESE BIEN: En narraciones, cuando se tiene un discurso directo, todo el discurso directo funciona de modo similar, como el complemento del verbo decir o hablar. Marcos 4:11:

élegen autoís
El les decía:

tó mustérion	*dédotai*
El misterio	es dado
tés basileías	*humín*
del reino	a ustedes

h. Los infinitivos crean algunas dificultades aquí. La regla básica es: Si el infinitivo es complementario, consérvese en la misma línea de su verbo auxiliar de modo; si funciona como cláusula verbal o sustantiva, subordínese como las otras cláusulas. 1 Co 3:1:

kagó ouk edunéthen lalésai
Y no pude hablar
      humín
      a ustedes
pero 1 Co 2:2:
ékrina
Me propuse
      eidénai oú ti
      no saber ni una cosa
      en humín
      entre ustedes

2.1.3. *Coordine alineando.*

Uno debe tratar de imaginarse todas las coordinaciones (v.g., cláusulas, frases y palabras coordinadas, o pares o contrastes equilibrados) alineándolas una directamente debajo de la otra, aunque a veces tales elementos coordinados aparecen muy distantes en la oración o párrafo. Observe usted las siguientes ilustraciones:

1 Co 2:6 y 2:7 deben empezar en la margen izquierda:

laloúmen sofían   hablamos sabiduría
   | |

   | |

laloúmen sofían   hablamos sabiduría

En las frases *ou . . . oudé (no . . . ni)* del v. 6, *se puede presentar* el equilibrio de una de dos maneras, o coordinando los dos genitivos:

      sofían
      sabiduría
         ou toú aiónos toútou
         no de esta edad

> *oudé tón arjónton*
> ni de los gobernadores
> > *toú aiónos toútou*
> > de esta edad

o coordinando la frase "de esta edad", la cual ocurre de nuevo al final del v. 7:

> *sofían*
> sabiduría
> > *ou*   *toú aiónos toútou*
> > no   de esta edad
> > *oudé tón arjónton*
> > ni de los gobernadores
> > > *toú aiónos toútou*
> > > de esta edad

En II.2.1.2e se notará que subordinamos *hína* (para que), pero alineamos *exeléxato ta morá* (él escogió las cosas necias) y *kataisjúne toús sofoús* (avergonzar a los sabios). De este modo los contrastes se hacen inmediatamente visibles.

NOTA: El problema de coordinación y subordinación es más complejo cuando hay varios elementos que modifican la(s) misma(s) palabra(s), pero no están coordinados. De ese modo, en 1 Co 2:7 hay dos frases preposicionales que modifican *proórisen* (él predestinó) pero no están coordinadas. De nuevo, es un asunto de preferencia personal. Puede coordinar:

> *ho theós proórisen*
> Dios predestinó
> > *pró tón aiónon*
> > antes de las edades
> > *eis dóxan hemón*
> > para nuestra gloria

o puede colocar el segundo elemento un poco a la izquierda del primero (para no sugerir subordinación del uno al otro):

> *ho theós proórisen*
> Dios predestinó
> > *pró tón aiónon*
> > antes de las edades
> > *eis dóxen hemón*
> > para nuestra gloria

NOTA: Las conjunciones coordinadas entre palabras o frases pueden ponerse aparte, bien entre las líneas o a la izquierda, pero del modo más discreto posible. 1 Co 2:3:

> *en astheneía*   en debilidad
> *kaí*   y

en fóbo	en temor
kaí	y
en trómo polló	en mucho temblor

o:

en astheneía	en debilidad
kaí en fóbo	y en temor
kaí en trómo polló	y en mucho temor

2.1.4. Aísle los signos estructurales.

Todos los signos estructurales (i.e., conjunciones, partículas, pronombres relativos y a veces pronombres demostrativos) deben aislarse o arriba o a la izquierda, y subrayarse, de manera que uno pueda dibujar líneas, por ejemplo, de la conjunción a la palabra o grupo de palabras precedentes que coordina o subordina.

NOTA: Este paso es de especial importancia porque muchas de las decisiones sintáctico-gramaticales cruciales deben tomarse en este punto. Por ejemplo, ¿es esta *dé* consecutiva (indica continuación) o adversativa (implica antítesis)? ¿A qué se refieren este *oún* (por tanto) o *gár* (por)? ¿Es deducido (saca una conclusión) o causal (da una razón), y a base de qué de lo que se dijo eso antes? ¿Este *hóti* o *hína* introduce una cláusula aposicional (epexégesis) o una cláusula adverbial?

En 1 Co 2:6:

dé	<u>pero</u>
laloúmen sofían	hablamos sabiduría

(En una nota [véase II.2.1.6] debe anotarse algo así: Esta es una *dé* adversativa, probablemente para toda la sección de 1:18-2:5, pero en especial para 2:4, 5 donde Pablo ha negado que haya hablado con palabras de persuasiva sabiduría).

Además en el v. 6:

laloúmen sofían	hablamos sabiduría
/	/
en toís teleíois	entre los maduros
/	/
<u>*dé*</u>	<u>pero</u>
sofían ...	sabiduría ...

También en el v. 6, nótese que *tón* con *katargouménon* funciona como pronombre relativo. Así:

oudé tón arjónton
ni de los gobernantes
tóu aiónos toútou

de esta edad
tón katargouménon
que se echan a un lado

2.1.5. Marque con colores palabras o motivos recurrentes.

Cuando todo el párrafo se ha vuelto a escribir de este modo, uno podrá volver y marcar con colores los motivos recurrentes con el propósito de seguir los temas o ideas cruciales. Por ejemplo, el despliegue final de 1 Co 2:6-8 debe verse más o menos así:

    dé
laloúmen   *sofían*
  en toís teleíois
          dé
          sofían
             ou   *toú aiónos toútou*
             oudé tón arjónton
                 toú aiónos toútou
                 tón katargouménon
  allá
laloúmen   *sofían*
  en musterío   *theoú*
          tén apokekrumménen
    hén
        ho theós proórisen
             pró tón aiónon
             eis dóxan hemón
    hén
        oudeís   *égnoken*
        tón arjónton
            toú aiónos toútou

Pero
hablamos   sabiduría
  entre los maduros
         pero
         sabiduría
           no   de esta edad
           ni de los gobernantes
             de esta edad
             que se echan a un lado

Pero
hablamos   sabiduría
  en un misterio   de Dios
         la cual había estado escondida
         la cual

> Dios predestinó
> antes de la edades
> para nuestra gloria
>
> **la cual**
>
> ninguno   conoció
> de los gobernantes
> de esta edad

NOTA: Hay tres motivos que deben aislarse:

1. Pablo y los creyentes corintios: *laloúmen* (hablamos), *en toís teleíois* (entre los maduros), *laloúmen* (hablamos), *eis dóxan hemón* (para nuestra gloria);
2. Los que por contraste son de esta edad: *ou toú aiónos toútou* (no de esta edad), *oudé tón arjónton*, etc. (ni de los gobernantes, etc.), *tón katargouménon* (que se echan a un lado), *oudeís égnoken*, etc. (ninguno de los gobernantes, etc. conoció);
3. Las descripciones de la sabiduría de Dios: *sofía theoú* (sabiduría de Dios), *en musterío* (en misterio), *tén apokekrumménen* (la cual había estado oculta), *hén ho theós proórisen pró ton aiónon* (la cual Dios predestinó antes de las edades).

2.1.6. Siga el argumento con anotaciones.

Los ejemplos siguientes se dan no sólo para ilustrar el proceso sino también para mostrar cómo tales despliegues estructurales ayudan en el proceso exegético completo.

Ejemplo 1. En el siguiente diagrama de flujo de oración de Lc 2:14 uno puede ver cómo las estructuras pueden arreglarse de manera diferente, y cómo un argumento de la estructura puede ayudar en la decisión textual que debe tomarse en el paso 3 del proceso exegético (I.3). Se notará que el texto de NA[26] considera correctamente este versículo como un fragmento de poesía semítica (que se distingue por el paralelismo, y no necesariamente por la métrica o la rima), y lo coloca así:

> *dóxa en hupsístois theó*
> *kaí epí gés eiréne*
> *en anthrópois eudokías*

Existe una variación textual entre *eudokías* (gen.= de buena voluntad) y *eudokía* (nom.= buena voluntad). Si el texto original era *eudokía* (nominativo), entonces se tendría lo que parece ser tres líneas equilibradas:

dóxa theó	Gloria a Dios
en hupsístois	en las alturas
kaí	**y**
eiréne	paz

epí gés	en la tierra
eudokía	buena voluntad
en anthrópois	entre los hombres

No obstante, un análisis más cuidadoso revelará que el poema se rompe en un par de puntos mediante este arreglo. En primer lugar, solamente la línea *dóxa* tiene tres miembros. Esto no es crucial a la poesía, pero el segundo elemento es crucial, es decir, la presencia de *kaí* entre las líneas primera y segunda, y su ausencia entre las líneas segunda y tercera. Sin embargo, si el texto original es *eudokías*, se encuentra un buen paralelismo:

dóxa	Gloria
theó	a Dios
en hupsístois	en las alturas
kaí	y
eiréne	paz
epí gés	en la tierra
en anthrópois	entre los hombres
eudokías	de buena voluntad

o:

dóxa	Gloria
theó	a Dios
en hupsístois	en las alturas
kaí	y
eiréne	paz
epí gés	en la tierra
en anthrópois	entre los hombres
eudokías	de buena voluntad

En este caso *eudokías* no rompe el paralelismo; sirve simplemente como adjetivo modificador de *anthrópois* (hombres): ya sea caracterizados por la buena voluntad, o favorecidos por Dios (véase II.3.3.1).

Ejemplo 2. Con frecuencia decisiones exegéticas claves se le imponen a uno al hacer el diagrama de flujo de oración. En tales ocasiones es tal vez mejor consultar las ayudas en ese mismo punto (véase II.3.2), y tratar de llegar a una decisión, aunque tales asuntos se tratarán al fin como parte del paso siguiente. Por ejemplo, en 1 Ts 1:2, 3 hay tres de dichas decisiones que tienen que ver con la colocación de los modificadores:

1. ¿Dónde se sitúa *pántote* (siempre) y *perí pánton humón* (por todos ustedes) con *eujaristoúmen* (damos gracias) o *mneían poioúmenoi* (haciendo mención)?

2. ¿Dónde se sitúa *adialeíptos* (sin cesar) con *mneían poioúmenoi* (haciendo mención) o *mnemoneúontes* (recordando)? Ninguna

de estas afecta mucho el significado, pero afectará la traducción de uno (v.g., compárese la NVI con la RVR sobre la segunda), pero la tercera es de cierta importancia exegética.

3. ¿Quién está *émprosthen toú theoú* (en la presencia de Dios)? ¿Recuerda Pablo a los tesalonicenses delante de Dios cuando ora? ¿O está Jesucristo ahora en la presencia de Dios?

Las decisiones como estas no son siempre fáciles, pero básicamente deben resolverse a base de: (*a*) el uso paulino en otras partes, (*b*) el mejor sentido en el presente contexto, o (*c*) cuál logra el mejor equilibrio de ideas. De ese modo las primeras dos pueden resolverse a base del uso de Pablo. En 2 Ts 1:3 y 2:13 y 1 Co 1:4 *pántote* sin ambigüedad va con una forma precedente de *eujaristeín*. No parece haber ninguna buena razón para pensar que deba ser de otra manera aquí. Lo mismo en cuanto a *adialeíptos*, que en Ro 1:9 va con *mneían* . . . *poioúmai*.

La decisión acerca de *émprosthen toú theoú* no es fácil. En 1 Ts 3:9 Pablo declara que se regocija *émprosthen toú theoú*. Este uso, más el contexto completo de 1 Ts 1:2-6, tiende a dar la ventaja a Pablo como quien los recuerda *émprosthen toú theoú*, a pesar de su distancia del participio que modifica.

Así que el texto se despliega como sigue:

eujaristoúmen tó theó
    pántote
    perí pánton humón
poioúmenoi mneían
    adialeíptos
    epí tón proseujón hemón
mnemoneúontes humón toú érgou
        tés písteos
      kaí toú kópou
        tés agápes
      kaí tés hupomonés
        tés elpídos
          toú kuríou hemón
            Iesoú Jristoú
émprosthen toú theoú kaí patrós hemón
Damos gracias a Dios
    siempre
    por todos ustedes
  haciendo mención
    incesantemente
    en nuestras oraciones
  recordando su obra

de fe
y trabajo
de amor
y constancia
de esperanza
en nuestro Señor Jesucristo
en la presencia de nuestro Dios y Padre

Ejemplo 3. El siguiente despliegue de 1 Co 11:7 muestra lo que puede hacerse con infinitivos complementarios y participios adverbiales (circunstanciales). Este ejemplo muestra también la importancia del análisis estructural para descubrir las elipsis. Con corchetes se podrían suplir las palabras que faltan en la segunda oración, para ver el argumento completo. El versículo dice: *Anér mén gár ouk ofeílei katakalúptestai tén kefalén eikón kaí dóxa theoú hupárjon he guné dé dóxa andrós estin.*

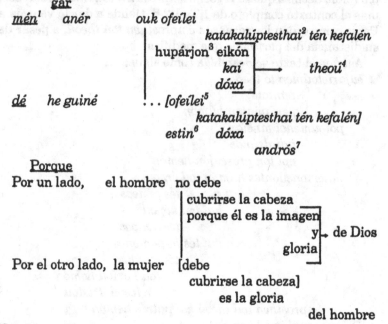

Notas:

1. Las palabras *mín . . .dé* se ponen a la izquierda en este caso para que los contrastes entre las dos cláusulas sean visibles inmediatamente.

2. Un infinitivo complementario debiera ordinariamente estar en la misma línea del verbo que lo controla. Está separado en este caso para darle mayor visibilidad.

3. El participio en este caso funciona precisamente como una cláusula adverbial, y está por tanto subordinado al verbo que modifica. (Cf. II.2.1.2d).

4. Cuando el genitivo corresponde a ambos sustantivos, como en este caso, entonces un despliegue como éste parece preferible.

5. Aunque estas palabras no están en el texto de Pablo, están claramente implicadas por la elipsis.

6. Se notará que *estín* aquí funciona precisamente como *hupárjon* de la primera cláusula.

7. La repetición sólo de *dóxa* significa que la mujer no se debe considerar como hecha a la imagen del hombre.

Ejemplo 4. El siguiente despliegue de 1 Ts 5:16-18 y 19-22 muestra cómo la estructura misma y las selecciones hechas en II.2.1.3 y 2.1.4 llevan a una exégesis apropiada del pasaje:

> *jáirete*
>> *pántote*
>
> *proseújesthe*
>> *adialeíptos*
>
> *eujaristeíte*
>> *en pantí*

> *gár*
>
> *toúto thélema*
>> *theoú*
>>
>> *en Jristó Iesoú*
>>
>> *eis humás*

> Regocíjense
>> siempre
>
> oren
>> sin cesar
>
> den gracias
>> en todas las cosas

> porque
>
> ésta es la voluntad
>> de Dios
>>
>> en Cristo Jesús
>>
>> para ustedes

Aquí la pregunta es si *toúto* (ésta) se refiere sólo al tercer miembro anterior o, más probablemente, a todos los tres miembros.

Debe resultar claro con este despliegue que no hay aquí tres imperativos en serie, sino un conjunto de tres, todos los cuales son la voluntad de Dios para el creyente. Esa observación lleva a uno a esperar una agrupación en la siguiente serie también, que puede desplegarse de este modo:

> *mé sbénnute   tó pneúma*
> *mé exoutheneíte   profeteías*
>
> *dé*
> *dokimázete pénta*
> *katéjete   tó kalón*
> *apéjesthe apó pantós eídous*
> *poneroú*

> No apaguen el Espíritu
> no menosprecien las profecías
>
> sino
> prueben todas las cosas
> conserven   lo bueno
> absténganse   de toda forma
> de mal

Nótese como el adversativo *dé* (sino) es crucial para lo que sigue. Obsérvese también que los dos últimos imperativos no están coordinados con *dokimázete* (prueben), sino que están coordinados entre sí como los dos resultados de *dokimázete*.

Por último, se puede hacer de nuevo todo en una forma acabada y entonces trazar en la margen izquierda el flujo del argumento con anotaciones, como en el ejemplo siguiente.

Ejemplo 5. El siguiente despliegue de 1 Co 14:1-4 muestra cómo todos los pasos convergen en una presentación acabada de la estructura de un párrafo (el v. 5 se ha omitido por economía de espacio), inclusive las anotaciones:

(1)   *diókete tén agápen*[1]
        dé[2]
    zeloúte tá pneumatiká
    mállon dé[3]
        hína
            profeteúete
            gár[4]

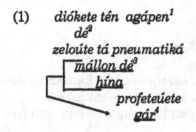

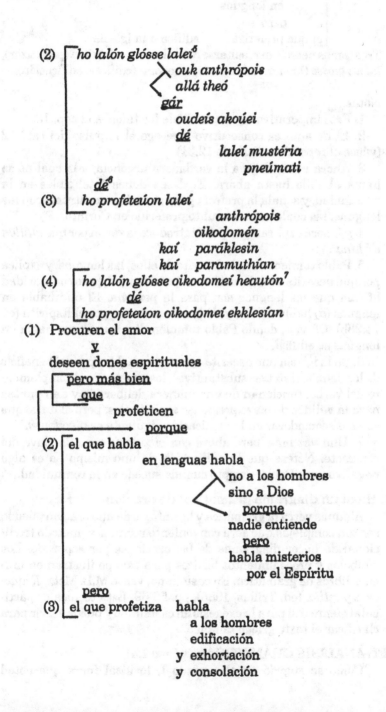

(2)   *ho lalón glósse laleí[6]*
      ouk anthrópois
      allá theó
     gár
     oudeís akoúei
     dé
       laleí mustéria
       pneúmati
  dé[6]
(3) *ho profeteúon laleí*
      anthrópois
      oikodomén
    kaí paráklesin
    kaí paramuthían
(4) *ho lalón glósse oikodomeí heautón[7]*
   dé
  ho profeteúon oikodomeí ekklesían
(1) Procuren el amor
    y
deseen dones espirituales
   pero más bien
    que
     profeticen
       porque
(2) el que habla
     en lenguas habla
       no a los hombres
       sino a Dios
        porque
       nadie entiende
        pero
       habla misterios
        por el Espíritu
    pero
(3) el que profetiza habla
      a los hombres
      edificación
     y exhortación
     y consolación

(4) ⌈ el que habla   se edifica él mismo
       │   en lenguas
       │   <u>pero</u>
       ⌊ el que profetiza   edifica a la iglesia

Tres temas necesitan resaltarse con colores: *profeteúein* (profetizar), *laleín glósse* (hablar en lenguas), oikodom- (edificar, edificación).

Notas:

1. Este imperativo sigue pisándole los talones al cap. 13.

2. El *dé* aquí es consecutivo y recoge el impulso del cap. 12 (véase el repetido *zeloúte* de 12:31).

3. Ahora Pablo llega a la verdadera urgencia, a la cual no se había aludido hasta ahora. El desea dones inteligibles en la comunidad, y señala la profecía para ponerla en contraste con las lenguas, las cuales son el asunto preferido en Corinto.

4. *gár* será explicativo aquí, e introduce la razón por qué *mállon dé hína* . . .

5. Pablo comienza con lo favorito de ellos, las lenguas, y explica por qué necesitan moderación en la comunidad; pero con claridad afirma que las lenguas son para la persona. El que habla en lenguas (*a*) habla a Dios, y (*b*) habla misterios por el Espíritu (cf. 14:28b). Cf. v. 4, donde Pablo también dice que el que habla en lenguas se edifica.

6. En la iglesia uno necesita aprender a hablar para el beneficio de los demás. (Los tres substantivos, los cuales son el complemento del verbo, funcionan de una manera deliberada y dan pautas para la validez de las expresiones espirituales; pero el único que se ha de considerar en la explicación siguiente es *oikodomén*).

7. Una vez más, pero ahora con *oikodomé* como la clave del contraste. Nótese que la edificación de uno mismo no es algo negativo para Pablo, excepto cuando sucede en la comunidad.

2.2. Haga un diagrama gramatical de oración.

Algunas veces la gramática y la sintaxis de una oración pueden ser tan complejas que será conveniente recurrir al método tradicional de hacer diagramas de las oraciones por separado. Los símbolos y procedimientos básicos para esto se ilustran en muchos libros de gramática. En castellano, véase M.L. Metz, *Redacción y estilo*, (ed. Trillas, 1985), pp. 56-69. Esta técnica es particularmente útil para la exégesis en castellano y puede servir para clarificar el texto griego también.

3. EL ANALISIS GRAMATICAL (véase I.6)

Como se sugirió en el capítulo I, lo ideal fuera que usted

decidiera la gramática de todo el pasaje; sin embargo, en el ensayo exegético presentará sólo los asuntos que tengan importancia para el significado del pasaje. Uno de los problemas de la presentación del material en esta sección es, por una parte, destacar la necesidad de un análisis gramatical sólido, pero, por otra, no dar la impresión, como se hace a menudo, que la exégesis consiste básicamente en decidir entre opciones gramaticales y matices lexicográficas. Vale la pena entender si Pablo quería que *zeloúte* en 1 Co 12:31 fuera un imperativo (anhelen/procuren) con un consecutivo *dé* (así que ahora), o un indicativo (procuran) con un adversativo *dé* (pero/mas). También tiene importancia en la traducción la diferencia entre si el participio *hupotithémenos* (indicando/enseñando) en 1 Ti 4:6 es condicional (NVI) o concomitante de circunstancias; pero si se considera la intención de Pablo las diferencias son tan leves que ni siquiera reciben atención en los comentarios. Así que parte de lo que se necesita aquí es aprender a llegar a ser sensible a lo que tiene importancia exegética y a lo que no la tiene.

Los problemas se complican más debido a que los estudiantes de este libro tendrán distintos grados de experiencia en el idioma griego. Esta sección se escribe teniendo en cuenta a quienes tienen algún conocimiento del griego básico y que por tanto están familiarizados con los elementos de la gramática, pero que todavía se confunden con mucha terminología y matices de significado. Los pasos que se sugieren aquí, por tanto, comienzan a un nivel elemental y le ayudan al principiante a usar los métodos de análisis y finalmente a capacitarlo para distinguir entre lo que tiene importancia y lo que no la tiene.

3.1. *Despliegue la información gramatical de las palabras del texto en una hoja de información gramatical.*

La hoja de información gramatical debe tener cinco columnas: La referencia bíblica, la "forma del texto" (la palabra como aparece en el texto) la forma lexicográfica, la descripción gramatical (v.g., tiempo, voz, modo, persona, número), y una explicación del significado y/o uso (v.g., genitivo subjetivo, infinitivo de discurso indirecto). Al nivel más elemental, uno puede hallar de utilidad hacer un diagrama de cada palabra del texto (sin el artículo). Al mejorar su griego hará gran parte de esto automáticamente mientras está en el paso exegético 4 (la traducción provisional; I.4), pero todavía querrá usar la hoja de información gramatical, por varias razones: (1) para retener cualquier información lexicográfica o gramatical descubierta al consultar las fuentes secundarias; (2) para aislar las palabras que necesitan alguna toma de decisión cuidadosa; (3) para hoja de comprobación en el momento de escribir para asegurarse de que ha incluido toda la información pertinente; (4) para sitio de especulación o debate sobre cuestiones de uso.

En la columna "uso/significado" debe darse la siguiente información para:

    Substantivos/pronombres: función de caso (e.g., dativo de tiempo, genitivo subjetivo); también antecedente de pronombre

    Verbos finitos: importancia de tiempo, voz, modo

    Infinitivos: tipo/uso (v.g., complementario, discurso indirecto)

    Participios: tipo/uso

        Atributivos: uso (adjetivo, substantivo, etc.)

        Suplementario: el verbo que suplementa

        Circunstancial: temporal, causal, circunstancia concomitante, etc.

    Adjetivos: la palabra que modifica

    Adverbios: la palabra que modifica

    Conjunciones: tipo (coordinada, adversativa, tiempo, causa, etc.)

    Partículas: el matiz que agrega a la oración.

3.2. *Familiarícese con algunas gramáticas básicas y otras ayudas gramaticales.*

Para poder hacer algunos de los asuntos de "uso" en 3.1, y tomar algunas decisiones en 3.3 y 3.4, será necesario tener un buen conocimiento de los medios usados para el análisis exegético.

Las ayudas gramaticales pueden dividirse en tres categorías: (1) gramáticas avanzadas, (2) gramáticas intermedias y (3) otras ayudas gramaticales.

3.2.1. *Gramáticas avanzadas (de referencia)*

Estas gramáticas son las empleadas por los eruditos. Algunas veces no son de mucha ayuda porque suponen mucho conocimiento de gramática en general y del idioma griego en particular, pero el estudiante debe familiarizarse con ellas, no sólo con la esperanza de usarlas algún día con regularidad, sino también porque se hace referencia a ellas con frecuencia en la literatura.

El lugar de más privilegio lo tiene:

    Friedrich Blass y Albert Debrunner, *A Greek Grammar of the New Testament and Other Early Christian Literature*[Gramática griega del Nuevo Testamento y de otra literatura cristiana primitiva]; tr. y rev. por Robert W. Funk (University of Chicago Press, 1961).

La otra gramática más importante es:

James H. Moulton y W. F. Howard, *A Grammar of New Testament Greek* [Gramática del griego del Nuevo Testamento griego] (Edinburgh: T. & T. Clark): I, *Prolegomena* [Prolegómenos] por Moulton, 3a ed., 1908; II, Accidence and Word-Formation [Inflexiones y formación de palabras] por Moulton y Howard, 1929; III, *Syntax* [Sintaxis] por Nigel Turner, 1963; IV, *Style* [Estilo] por Turner, 1976. Una gramática de referencia más antigua, la que con frecuencia es redundante y difícil de manejar, pero que los estudiantes consideran útil porque explica mucho, es:

A. T. Robertson, *A Grammar of the Greek New Testament in the Light of Historical Research* [Gramática del Nuevo Testamento griego a la luz de la investigación histórica] 4a ed. (Broadman Press, 1934).

3.2.2. *Gramáticas intermedias*

El propósito de la gramática intermedia es sistematizar y explicar lo que el estudiante aprendió en la gramática introductoria. Desafortunadamente, actualmente no existe una gramática de esta clase enteramente satisfactoria. Por mucho tiempo la norma ha sido:

H. E. Dana y J. R. Mantey, *A Manual Grammar of the New Testament* (Macmillan Co., 1927). (*Manual de Gramática del Nuevo Testamento*. El Paso: Casa Bautista de Publicaciones, 1977).

Este libro está estropeado por ser incompleto, dar algunos malos ejemplos, y el uso del sistema de ocho casos, que no siguen las mejores gramáticas de referencia. Por tanto debe también examinar una o varias de las siguientes gramáticas (enumerados en orden alfabético, sin preferencia especial):

James A. Brooks y Carlton L. Winbery, *Syntax of New Testament Greek* [Sintaxis del griego delNuevo Testamento griego] (University Press of America, 1979).

William D. Chamberlain, *An Exegetical Grammar of the Greek New Testament* [Gramática exegética del Nuevo Testamento griego] (Macmillan Co., 1961).

Robert W. Funk *A Beginning-Intermediate Grammar of Hellenistic Greek;* [Gramática introductoria-intermedia del griego helenista] 2a, ed.; 3 tomos. (Scholars Press, 1973).

A. T. Robertson y W. H. Davis, *A New Short Grammar of the Greek Testament* [Nueva gramática breve del Testamento griego) 10a ed. (Harper & Brothers, 1933; reimp. Baker Book House, 1977).

3.2.3. *Otras ayudas gramaticales*

Los libros de esta categoría no son gramáticas amplias, pero cada uno es útil en su propia manera.

Para el análisis de los verbos griegos, se encontrará mucha ayuda en:

Ernest D. Burton, *Syntax of the Moods and Tenses in New Testament Greek* [Sintaxis de los modos y los tiempos en el griego del Nuevo Testamento] 3a ed. (Edinburgh: T. & T. Clark, 1898).

Dos libros extremadamente útiles que vienen bajo la categoría de "libros de modismos", que dan información útil de muchos usos del griego, son:

C. F. D. Moule, *An Idiom Book of New Testament Greek* [Libro de modismos del griego del Nuevo Testamento] 2a ed. (Cambridge University Press, 1963).

Max Zerwick, *Biblical Greek Ilustrated by Examples* [Griego bíblico ilustrado con ejemplos] (Roma: Biblical Institute Press, 1963).

Para el análisis de los genitivos a base de la lingüística, más bien que de la gramática clásica, se encontrará una enorme cantidad de información útil en:

John Beekman y John Callow, *Translating the Word of God* [Traducción de la Palabra de Dios] (Zondervan Publishing House, 1974), pp. 249-266.

Para un análisis muy útil de las preposiciones y su relación con la exégesis y la teología del NT, véase:

Murray J. Harris, "Appendix: Prepositions and Theology in the Greek New Testament" [Apéndice: Preposiciones y teología en el Nuevo Testamento griego], en *The New International Dictionary of New Testament Theology* [Nuevo diccionario internacional de teología del Nuevo Testamento], ed. por Colin Brown (Zondervan Publishing House, 1978), tomo 3, pp. 1171-1215.

3.3. *Aísle las palabras y cláusulas que requieran decisiones gramaticales entre dos o más opciones.*

Este es un paso más avanzado que el 3.1, en que la mayoría de las palabras están correctamente en sus respectivas oraciones y rara vez requieren alguna clase de decisión exegética basada en la gramática. Como en otros casos, tal discernimiento se aprende mediante la práctica. No obstante, las decisiones gramaticales deben hacerse con frecuencia. Tales decisiones, que tendrán importancia exegética, son de cinco clases.

3.3.1. Determine "el caso y el por qué" de substantivos y pronombres.

Las decisiones aquí con mucha frecuencia tienen que ver con genitivos y dativos. Regularmente se debiera tratar de determinar el uso cuando ocurren estos dos casos. Eso es verdad en especial de los genitivos, porque se traducen al castellano con el ambiguo "de". Nótese, por ejemplo, la considerable diferencia en 1 Ts 1:3 entre la VM "paciencia de vuestra esperanza" (lo que pueda significar eso) y la más útil de la NVI "la perseverancia inspirada por la esperanza" (cf. Ro 12:20 "ascuas de fuego" [RVR] con "carbones encendidos" [BA]; cf. Heb. 1:3 "la palabra de su poder" [VM, BA, RVR], con "su palabra poderosa" [NVI]).

Con frecuencia tales decisiones afectan considerablemente la comprensión de uno del texto; y las opiniones diferirán. El uso de Pablo (aparentemente variado) de "la justicia de Dios" (= ¿la justicia que Dios da? o ¿la justicia que Dios tiene para sí mismo y para sus acciones?) es un caso muy conocido al respecto. Otro ejemplo es *eis kríma toú diabólou* en 1 Ti 3:6. ¿Significa esto "condenación del diablo" (RVR) o "La condenación en que cayó el diablo" (BA)?

3.3.2. Determine el tiempo (Aktionsart), voz, y modo de las formas verbales.

Los ejemplos aquí son numerosos. ¿Es *biázetai* en Mt 11:12 voz pasiva ("es tomado a viva fuerza" [VM]) o media ("sufre violencia"[RVR])? ¿Pablo quiere "significar" algo con los dos imperativos presentes (el primero una prohibición) en Ef 5:18? ¿*mé apostereíte* en 1 Co 7:5 tiene la fuerza de "dejen de defraudarse el uno al otro (en este asunto)"?

Aquí en particular uno debe tener cuidado de no hacer una exégesis exagerada. Por ejemplo, en los modos subjuntivo, imperativo e infinitivo, el tiempo común en el griego es el aoristo. Por tanto, un autor rara vez "significa" algo con tal uso. Tampoco tiene que implicar que el uso del presente "significa" algo (v.g., *pisteúete* [que ustedes crean] en Jn 20:31). Por supuesto, eso es lo que la exégesis es en este punto: ¿Cuáles son las posibilidades, y cuál fue la intención más probable del autor al usarlo (si tuvo alguna)? Decidir que no se encuentra un significado especial en algunos usos es también parte del proceso exegético.

3.3.3. Decida sobre la fuerza o significado de los signos conjuntivos (conjunciones y partículas).

Este es un aspecto que los estudiantes comúnmente pasan por alto, pero que con frecuencia es de considerable importancia en la comprensión de un texto. Uno de los ejemplos más famosos es el *ei kaí*... *mállon en* 1 Co 7:21 (= "si en verdad" o "aun si"). En 1 Ts 1:5, como otro ejemplo, uno debe decidir si el *hóti* en el v. 5 es causal o epexegético (aposicional); además, nótese la diferencia entre la NVI y la RVR.

Es de especial importancia que no se pase demasiado rápido sobre el común *dé* (pero, ahora, y). Su frecuencia como conjunción consecutiva o reanudativa hace que a veces se olvide su clara y significativa fuerza adversativa en pasajes tales como 1 Ti 2:15 ó 1 Ts 5:21.

3.3.4. *Decida sobre la fuerza o matices de significado de las preposiciones.*

Aquí debe evitarse en especial la trampa frecuente de crear una "teología de preposiciones", como si una teología de la expiación se pudiera suplir de la diferencia entre *hupér* (a favor de) y *perí* (respecto a). No obstante, hay ocasiones cuando la fuerza de las frases preposicionales decide el significado de toda una oración. Esto es sobre todo cierto, por ejemplo, con respecto a *en* (en/por) y *eis* (dentro/de modo que) en 1 Co 12:13, o *diá* (por medio de/en la circunstancia de) en 1 Ti 2:15.

3.3.5. *Determine la relación de participios circunstanciales (adverbiales) e infinitivos con la oración.*

Repito que debe evitarse la exégesis exagerada. A veces, por supuesto, el sentido adverbial del participio es claro en la oración y su contexto (v.g., la fuerza claramente concesiva de *zósa* [aunque ella viva] en 1 Ti 5:6). Sin embargo, como se hizo notar antes, aunque las decisiones aquí con frecuencia pueden ser decisivas en la traducción, no siempre afectan el significado. La razón para esto, como arguye correctamente Robertson (*Grammar*, p. 1124), es que el propósito básico de ese participio es concomitante de circunstancia. Si el interés del autor hubiera sido la causa, la condición o la concesión, tenía medios claros de expresarlo. Así que aun cuando es provechoso acostumbrarse uno a pensar en los matices de significado, también es necesario recordar que no se debe dar mucha importancia a tales decisiones.

La cuestión de cómo se toman las decisiones necesarias en este paso está muy relacionada con lo dicho acerca de la colocación de ciertos modificadores en II.2.1.6 (ejemplo 2).

Los pasos son cuatro:

a. Estar consciente de las opciones (de lo que se ha estado hablando hasta aquí).

b. Consultar las gramáticas.

c. Revisar los usos del autor en otros lugares (aquí es bueno usar mucho la concordancia).

d. Determinar cual opción da el mejor sentido en el presente contexto.

3.4. *Determine cuáles decisiones gramaticales deben comentarse en su ensayo.*

Este paso "requiere una mente con sabiduría", porque será una de las cosas decisivas entre un ensayo superior y uno aceptable. El factor determinante y claro es: comente sólo los asuntos gramaticales importantes para la comprensión del texto. Algunas cosas no tienen el mismo peso que otras y pueden relegarse sin riesgo alguno a una nota. Pero cuando las cuestiones gramaticales son cruciales para el significado del texto completo (como muchos de los ejemplos anteriores), o cuando son importantes en la perspectiva (v.g., ¿son las ocurrencias de *diabólou* [el diablo] en 1 Ti 3:6, 7 subjetivas u objetivas?); o cuando aumentan la comprensión del flujo de todo el argumento (v.g.: *dé* y *diá* en 1 Ti 2:15), entonces tal información debe hallarse en el texto principal del ensayo.

4. EL ANALISIS DE PALABRAS (véase I.7)

En cualquier texto literario las palabras son el material básico de construcción para comunicar el significado. En la exégesis es especialmente importante recordar que las palabras funcionan en un contexto. Por tanto, aunque una palabra dada puede tener un campo de significado amplio o angosto, la meta del estudio de palabras en la exégesis es tratar de entender con la precisión que sea posible lo que el autor quería comunicar con el uso de cierta palabra en determinado contexto. Por ejemplo, no se puede hacer bien un estudio de la palabra aislada *sarx* (carne); puede hacerse sólo un estudio de la palabra *sarx* en 1 Co 5:5 ó en 2 Co 5:16, y así sucesivamente.

El propósito de esta sección es: (1) enseñar a aislar las palabras que necesitan estudio especial, (2) guiar a través de los pasos de tal estudio, y (3) enseñar al estudiante el uso más completo y eficaz de los dos medios para el estudio de palabras del NT. Antes de cubrir estos pasos, sin embargo, es importante hacer dos advertencias:

Primera, evite usted el peligro de aficionarse a las derivaciones, pues el conocimiento etimológico de una palabra, por interesante que sea, casi nunca dice nada acerca de su significado en un contexto determinado. Por ejemplo, la palabra *ekklesía* (iglesia) se deriva de *ek* + *kaleín* ("llamar"), pero en la época del NT ese significado no está dentro de su campo de significación. Por tanto, no significa "los llamados" en ningún contexto del NT.

Segunda, evite el análisis exagerado. Es posible dar demasiada importancia al uso de ciertas palabras en un contexto. Los escritores bíblicos, como nosotros, no siempre escogían con cuidado todas sus palabras porque estuvieran cargadas de significado. Se escogen algunas veces las palabras simplemente porque ya están a disposición del autor con el significado que quiere. Además, se escogen por la variedad (v.g., el intercambio de Juan de *agapáo* [amor] y *filéo* [amor]), por juegos de palabras, o debido a la aliteración o a otra razón estilística.

No obstante, la comprensión apropiada de muchos pasajes depende de un cuidadoso análisis de palabras. Tal análisis consta de tres pasos.

4.1. *Aísle las palabras importantes del pasaje que necesiten estudio especial.*

Para determinar cuáles son "las palabras importantes" puede seguir estas pautas:

4.1.1. Tome nota de las palabras conocidas previamente, o reconocibles por el contexto, como de contenido teológico. No suponga que conoce el significado de *elpís* (esperanza), *dikaiosune* (justicia), *agápe* (amor), *járis* (gracia), etc. Por ejemplo, ¿qué significa "esperanza" en Col. 1:27, o *járis* en 2 Co 1:15, o *dikaiosune* en 1 Co 1:30? En estos casos en particular es importante no sólo conocer la palabra en general, sino también el contexto del pasaje en particular.

4.1.2. Note las palabras decisivas para el significado del pasaje pero que parecen ambiguas u oscuras, tales como *parthénon* (vírgenes) en 1 Co 7:25-38, *skeúos* (vaso;= ¿esposa o cuerpo?) en 1 Ts 4:4, *diákonos* (ministro/sirviente/diácono) en Ro 16:1, o el modismo *háptesthai gunaikós* (lit., tocar a una mujer; = tener relaciones sexuales) en 1 Co 7:1.

4.1.3. Note las palabras que se repitan o que se presenten como motivos en una sección o párrafo, tales como *oikodoméo* (edificar) en 1 Co 14, o *árjontes* (gobernantes) 1 Co 2:6-8; o *kaujáomai* (vanagloriarse) en 1 Co 1:26-31.

4.1.4. Esté alerta para detectar las palabras que puedan tener más importancia en el contexto de lo que parezca a primera vista. Por ejemplo, ¿*atáktos* en 2 Ts 3:6 significa sólo "ser perezoso" de manera pasiva, o tal vez "desordenado"? ¿*kopiáo* en Ro 16:6,12 significa simplemente "trabajar" o se ha convertido para Pablo en un término casi técnico para denotar el ministerio del evangelio?

4.2. *Establezca el campo de los significados de una palabra importante en su contexto presente.*

Esto implica fundamentalmente cuatro esferas posibles de investigación, pero nótese bien que las palabras varían, tanto en importancia como en uso, así que no todas las cuatro esferas necesitan investigación para cada palabra. Uno debe, sin embargo, estar alerta a las posibilidades en cada caso. Nótese también, por tanto, que el orden en el cual se investigan puede variar.

4.2.1. Determine la posible utilidad de establecer la historia de la palabra. ¿Cómo se empleó la palabra en el pasado? ¿Hasta dónde se remonta en la historia del lenguaje? ¿Cambia de significado cuando pasa del período clásico al helenista? ¿Tenía significados diferentes en los contextos grecorromano y judío?

(La mayoría de la información se encuentra en el *Léxico* de Bauer-Arndt-Gingrich-Danker. En los ejemplos que siguen mostraremos la manera de lograr el mejor uso posible de Bauer.)

4.2.2. Determine los significados hallados en el ambiente grecorromano y judío contemporáneos del NT. ¿Se encuentra la palabra en los escritos de Filón o Josefo, y con cuál(es) significado(s)? ¿Qué significado(s) tiene en las distintas clases de textos literarios grecorromanos? ¿Agregan los textos no literarios algunos matices que no se encuentran en los textos literarios?

4.2.3. Determine si la palabra se usa en otra parte del NT y cómo. Si estudia una palabra de un párrafo de Pablo, ¿es él quien más frecuentemente usa la palabra en el NT? ¿Tiene similar o distinto matiz cuando la usan otros escritores del NT?

4.2.4. Determine cómo usa el autor la misma palabra en otras partes de sus escritos. ¿Cuál es el campo de significados en este mismo autor? ¿Son algunos de estos usos característicos del NT? ¿Usa el autor en otros lugares otras palabras para expresar la misma idea o ideas semejantes?

4.3. *Analice el contexto con cuidado para determinar cuál significado es el más probable en el pasaje de la exégesis.*

¿Hay pistas en el contexto que ayuden a limitar las opciones? Por ejemplo, ¿usa el autor la palabra en conjunción o en contraste con otras palabras de manera similar a otros contextos? ¿El argumento mismo parece exigir un uso en contraste con los otros?

NOTA BIBLIOGRAFICA

Para hacer el trabajo requerido en el paso 4.2, será necesario tener un buen conocimiento de diversos instrumentos. Debe notarse, sin embargo, que en la mayoría de los casos uno puede aprender mucho acerca de las palabras mediante el uso creativo de dos instrumentos básicos de trabajo: un léxico y una concordancia.

Debe usarse un buen léxico griego-castellano, o el de Bauer con un diccionario inglés-castellano:

Walter Bauer, *A Greek-English Lexicon of the New Testament and Other Early Christian Literature* [Lexicón griego-inglés del NT y de otra literatura cristiana primitiva]; 2a ed.; ed. por W. F. Arndt, F. W. Gingrich, F. W. Danker (University of Chicago Press, 1979).

Use cualquier concordancia buena en castellano o una de las siguientes:

H. Bachmann y H. Slaby (eds.), *Computer-Konkordanz zum Novum Testamentum Graece von Nestle-Aland, 26. Auflage, und zum Greek New Testament* [Concordancia computorizada del Novum Testamentum Graece de Nestle-Aland, 26a ed., y del Nuevo Testamento griego]; 3a ed. (Berlín: Walter de Gruyter, 1980).

William F. Moulton y A. S. Geden, *A Concordance to the Greek Testament According to the Texts of Westcott and Hort, Tischendorf and the English Revisers;* [Concordancia del Testamento griego según los textos de Westcott y Hort, Tischendorf y los revisores en inglés]; 5a ed. rev. por H. K. Moulton (Edinburgh: T. & T. Clark, 1978).

Kurt Aland (ed.), *Vollstandige Konkordanz zum griechischen Neuen Testament* [Concordancia completa del Nuevo Testamento griego]; 2 tomos. (Berlín: Walter de Gruyter, 1975ss.).

Esta concordancia da la ocurrencia de una palabra en la NA[26,] así como en el aparato textual y en el Textus Receptus. También ha codificado usos especiales. El tomo II da dos listas de estadísticas de palabras, el número de usos de cada palabra en cada libro del NT, y el número de ocurrencias de cada forma de la palabra en el NT.

En los ejemplos siguientes tendrá oportunidad para aprender a usar estos y otros cinco instrumentos lexicográficos.

Ejemplo 1: Cómo usar el léxico de Bauer

[NOTA DEL REDACTOR: Este léxico clásico puede resultar difícil de conseguir, pero debería formar parte de cualquier biblioteca buena.]

En 1 Co 2:6-8 Pablo habla de los *árjontes* (gobernadores) de esta edad, que perecen (v. 6) y quienes crucificaron al Señor de gloria (v. 8). La pregunta es: ¿a quién se refiere Pablo, a los dirigentes terrenales que fueron culpables de la muerte de Cristo o a los poderes demoniacos que se consideran los más responsables de ella?

Este ejemplo se escogió porque también ayuda a ver que Bauer es una fuente secundaria; es decir, es intérprete, y proveedor de la información. En este caso estoy en desacuerdo con él; pero será igualmente claro que uno no puede trabajar sin él.

Para los que no conocen griego pero han aprendido el alfabeto griego y pueden consultar palabras, existe una fuente adicional que será útil. Para encontrar la "forma lexicográfica" de cualquier palabra (i.e., la forma hallada en el léxico), debe usarse:

Harold K. Moulton (ed.), *The Analytical Greek Lexicon Revised* [El léxico analítico griego revisado] (Zondervan Publishing House, 1978).

Cada palabra en la forma como aparece en el NT griego se enumera en orden alfabético en este libro, con la correspondiente forma lexicográfica y su descripción gramatical. Por ejemplo, consultando *árjontes* se descubrirá que es el nominativo plural de *árjon*, que es la palabra que se consultará en el léxico.

El artículo en Bauer comienza *árjon, ontos, ho*. Eso dice que es un substantivo masculino (*ho*) de la tercera declinación. Entre paréntesis, se encuentran varias abreviaturas (Aeschyl, Hdt. +; inscr., pap., LXX; Ep. Arist. 281; Philo, Joseph.). Estas abreviaturas, y otras, son todas decodificadas en seis listas separadas en el frente (pp. xxvii-xxxvii). Es bueno familiarizarse con esas listas antes de proceder. El propósito de este paréntesis es ilustrar la extensión del uso de esta palabra. Es decir, la palabra aparece en Esquilo (siglo V a.C.), y regularmente desde Herodoto (siglo V a.C.) en adelante (que es el significado de +). También se encuentra en inscripciones, los papiros, la Septuaginta, y tres autores helenistas judíos importantes. Este paréntesis va entonces seguido de la información de cómo la palabra llegó a formarse (en este caso es el sustantivo del participio de *árjo*).

El sistema de numeración que sigue dará el campo de significados de la palabra en el NT. En el caso de *árjon* se notará que hay tres significados, señalados por numerales arábigos. Se notará también que el segundo uso está dividido además en dos subcategorías.

El primer subartículo comienza con el significado básico e histórico de gobernador, señor, príncipe, el cual va seguido entonces de ejemplos del NT. Se usa de este modo para referirse a Cristo en Ap 1:5, a "los gobernantes de las naciones" en Mateo 20:25, la cual es una cita de Is 1:10 (y usado de modo similar en Bernabé 9:3). En Hch 7:27,35 se emplea para referirse a Moisés, junto con la palabra *dikastés*, que de nuevo refleja un uso del AT.

El segundo subartículo proporciona la información de que la palabra se generalizó para referirse a cualquiera en posición de autoridad y como tal llegó a ser adoptada en la literatura rabínica. Pablo la usa así en Ro 13:3 y aparece en una variante textual de Tit 1:9 (v. = *varia lectio*, que significa "redacción diferente"). En este punto Bauer incluye también el pasaje de 1 Co 2:6-8, pero lo hace indicando su preferencia del significado 3.

Este segundo uso tiene dos subdivisiones, donde todavía significa autoridades en general, pero se usa para funcionarios judíos o paganos. El paréntesis que sigue a "de autoridades judías" informa donde se halla este uso fuera del NT. De este modo uno puede consultar el índice de *Historia del pueblo judío* de Schürer (véase II.5.2.2) para este uso, así como para ejemplos encontrados en un papiro griego, una inscripción y Josefo.

Cuando pasamos al subartículo 3, encontramos la preferencia de Bauer por esta palabra. Será de especial importancia aquí que se observen dos cosas: las fechas de la evidencia de apoyo (véase II.4.2.1 y 4.2.2), y el uso en el singular y el plural. De este modo Bauer comienza anotando que la palabra se usa "esp[ecialmente] para referirse a espíritus malos . . . cuyas jerarquías son semejantes a las instituciones polít[icas] humanas." Tal uso se halla en manuscritos maniqueos (véase Kephal[aia] en la lista de abreviaturas en la p. xxxiv) y así se usa en el siglo IV d.C. En el NT el diablo se llama el *árjon* de los demonios en los evangelios sinópticos. El siguiente paréntesis llama a comparar el vocablo *Beezeboúl* (Belcebú) para más información relativa a este uso. Un uso de Porfirio (siglo III d.C.) se da también en forma completa. En Juan el mismo uso ocurre en un pasaje en que al diablo se llama el *árjon* de este mundo. Usos similares ocurren en Bernabé e Ignacio, así como en escritos apocalípticos y apócrifos dispersos (véase el siguiente paréntesis). En este punto se dice que muchos (desde Orígenes hasta el comentario de Wendland) interpretan el pasaje como perteneciente aquí, pero también se observa que otros lo ubicarían bajo la segunda lista mencionada antes. En seguida Bauer señala dos estudios de este uso en 1 Co 2:6-8 hallados en el tomo 68 del *Expository Times*. Si uno dedica tiempo a consultarlos, hallará que Ling arguye a favor de "autoridades humanas", mientras que Boyd sostiene ambas, o sea, gobernantes humanos controlados por demonios, aunque el énfasis se pone claramente en éstos.

Los últimos subartículos en Bauer dan más ejemplos en Bernabé, Martirio de Policarpo, y Efesios en que a Satanás se le designa como el "príncipe" de la autoridad etérea (Ef 2:2) o el "príncipe de maldad" (Bernabé 4:13). Por último, Bauer da un uso en Ignacio donde en el plural *árjontes* se refiere a autoridades visibles e invisibles; en este contexto *árjontes* invisibles deben de referirse a seres espirituales, pero no necesariamente malignos. Al final del artículo, las letras M-M y B dicen que la palabra se comenta en Moulton-Milligan y Buck (véase la p. vii en Bauer). El asterisco indica que todos los vocablos del NT y la literatura cristiana primitiva se incluyen; de ese modo el artículo ha servido también como concordancia.

Resumamos lo que se ha aprendido de Bauer:

1. Pablo y otros usan el singular *árjon* en el NT para referirse a Satanás.
2. Sin contar este pasaje, el plural *árjontes* se emplea en el NT exclusivamente para referirse a gobernantes humanos. Esto incluye Ro 13:3, la única otra ocurrencia del plural en Pablo.
3. No hay evidencia citada por Bauer, ni en la literatura precristiana ni en la contemporánea, para *árjontes* (en plural) con el significado de "gobernantes demoniacos".
4. El primer uso claro de *árjontes* en el plural para referirse a los gobernantes espirituales está en la carta de Ignacio a los esmirnenses.
5. Los académicos están divididos acerca de lo que *árjontes* significa en 1 Co 2:6-8.

Debe notarse en este punto que cuando el artículo en Bauer es más grande que este, no siempre es fácil encontrar el lugar donde él presenta el pasaje que se está estudiando, ni saber si de veras lo incluye. En tales casos se encontrará ayuda rápida en:

John R. Alsop, *An Index to the Bauer-Arndt-Gingrich Greek Lexicon* [Indice para el léxico de Bauer. . .] (Zondervan Publishing House, 1968).

El uso de otros instrumentos de estudio

En Bauer, por lo tanto, hemos ido a través de todos los pasos en II.4.2. En este punto, sin embargo, uno quisiera comprobar además la información disponible en II.4.2.2, el uso contemporáneo fuera del NT. La información verdaderamente importante aquí provendrá de las fuentes judías. Será bueno consultar la Ascensión de Isaías y 3 Co 3:11 para ver que *árjon* se refiere sólo a Satanás. Debido a la importancia de Josefo y Filón, quienes usan esta palabra, es importante estar al tanto de otras dos fuentes de consulta.

a. Hay una concordancia de los escritos de Josefo:

K. H. Rengstorf (ed.), *A Complete Concordance to Flavius Josephus* [Concordancia completa de Flavio Josefo]; 4 tomos, (Leiden: E. J. Brill, 1973ss.).

Aquí se encontrará que Josefo usa la palabra un sinnúmero de veces, siempre con referencia a gobernantes terrenales.

b. Hay un índice de las palabras griegas en Filón:

G. Mayer, *Index Philoneus* (Berlín: Walter de Gruyter, 1974). Esta fuente es de uso más difícil porque es sólo un índice, pero si uno toma el tiempo para comprobar los usos de *árjontes* en Filón, se halla de nuevo que se limita a los gobernantes terrenales. Hay otras tres fuentes que pueden consultarse ocasionalmente ya que proveen información útil.

c. Como el NT usa el griego común del primer siglo, es también importante consultar el uso contemporáneo no literario. La principal fuente para esto es:

J. H. Moulton y G. Milligan, *The Vocabulary of the Greek Testament Illustrated from the Papyri and Other Non-literary Sources* [El vocabulario del Testamento griego ilustrado con ejemplos de los papiros y otras fuentes no literarias] (Londres: Hodder & Stoughton, 1914-1930; repr. Wm. B. Eerdmans Publishing Co., 1974).

Una mirada al vocablo *árjon* revela de nuevo que esas fuentes sólo se refieren a gobernantes terrenales.

d. El léxico para el uso del griego clásico (y otros) es:

H. G. Liddell and R. Scott, *A Greek-English Lexicon* [Léxico griego-inglés]; 9a ed.; rev. por H. S. Jones y R. McKenzie (Oxford: Clarendon Press, 1940).

Este léxico aumentará la información de Bauer, especialmente en cuanto a la historia del uso y el campo de significados en la antigüedad griega. Como ya se sabe, todos los usos grecorromanos precristianos se refieren a gobernantes terrenales.

e. En muchos casos, y nuestra palabra *árjontes* es uno de ellos, será de alguna importancia investigar el uso en la iglesia primitiva. Para esto se consulta:

G.W. H. Lampe (ed.), *A Patristic Greek Lexicon* [Léxico del griego patrístico] (Oxford: Clarendon Press, 1961-1968).

En el caso de *árjontes* es de interés descubrir que esta palabra rara vez se emplea para espíritus malos en la literatura cristiana subsecuente. Se usa así en el apócrifo Hechos de Jn 1:4 y Hechos de Tomás A.10. De otro modo el uso está limitado básicamente a las fuentes gnósticas y maniqueas.

Por la información lingüística solamente, puede parecer que *árjontes* en 1 Co 2:6-8 se refiere a los gobernantes terrenales. Siempre es posible, sin embargo, que el uso posterior, "espíritus malos", se originó con Pablo en este pasaje. Así que se debe resolver el asunto finalmente en II.4.3, es decir, analizando el contexto de 1 Corintios 1-4, sobre todo 2:6-16. Lo que llega a ser claro en el contexto es que Pablo contrasta la sabiduría humana y la divina, percibida ésta sólo por quienes tienen el Espíritu (2:10-14). Ya que el contraste en el v. 14 es claramente con seres humanos, que no tienen el Espíritu, y por tanto consideran la sabiduría divina como locura, parece que no hay buenas razones contextuales de ninguna clase para argumentar que la introducción a este grupo de contrastes (vv. 6-8) se refiera a otros que no sean gobernantes humanos, que como las "personas principales" de esta edad representan a los que no pueden percibir la sabiduría de Dios en la cruz.

Cuando usted haya terminado todos estos pasos, estará preparado para comparar los resultados con los dos diccionarios teológicos principales del NT. El lugar privilegiado le corresponde a:

Gerhard Kittel y Gerhard Friedrich (eds.), *Theological Dictionary of the New Testament* [Diccionario teológico del NT] 10 tomos, inclusive el índice, (Wm. B. Eerdmans Publishing Co., 1964-1976).

Es difícil saber dirigir el uso de esta fuente de consulta "monumental" y "de valor incalculable", como la describe Fitzmyer. Como es tan completa en la mayoría de sus artículos, uno puede pensar que el trabajo propio fuera un intento de volver a inventar la rueda. No obstante, debe recordarse siempre que esta es una fuente secundaria y debe leerse con el mismo ojo crítico que la otra literatura secundaria (véase I.13). Por ejemplo, en el artículo sobre *árjon* (Tomo I, pp. 488-489), Delling considera que *árjontes* en 1 Co 2:6-8 se refiere a los demonios; sin embargo, no presenta argumento para esto, sino que sólo lo afirma. De todos modos use "Kittel", pero no deje que lo piense todo por usted.

La otra obra principal es:

Colin Brown (ed.), *The New International Dictionary of New Testament Theology* [Nuevo diccionario internacional de la teología del Nuevo Testamento]; 3 tomos. (*Zondervan Publishing House, 1975-1978*).

En contraste con TDNT, el cual pone las palabras griegas en orden alfabético, NIDNTT agrupa las palabras según las ideas relacionadas. De modo que para la palabra que estudie con frecuencia será necesario usar el índice (Tomo III, pp. 1233-1273). El *árjontes* de 1 Co 2:6-8 se presenta en un artículo titulado "Principio, origen, gobierno, gobernante, originador". El autor (H. Bietenhard) los clasifica como demonios. Con todo, ésta es una obra útil que compacta una gran cantidad de material informativo en cada uno de sus artículos.

Ejemplo 2: Cómo usar una concordancia

Por lo general, el ejemplo que se acaba de dar lo pone en contacto con la mayoría de los pasos y las fuentes necesarias para hacer el estudio de palabras. Se ha evitado la concordancia en este caso porque el léxico sirvió para ese propósito. Por supuesto, una mirada a la concordancia podría haber sido también útil para poder ver todos los pasajes del NT en su contexto en oraciones. El siguiente ejemplo breve ilustrará aún más la utilidad de una concordancia para el estudio de palabras.

En 1 Co 1:29, 31 Pablo usa *kaujáomai* (jactarse/gloriarse) dos veces, primero peyorativamente (Dios ha decidido deliberadamente eliminar la "jactancia" humana en su presencia), y luego positivamente (es precisamente el propósito de Dios que las personas se "gloríen" en El). Este contraste no aparece con claridad en Bauer, pero una mirada a una concordancia puede ser un ejercicio muy provechoso.

Primero, se descubrirá que el grupo de palabras *kaujáomai-kaújema-kaújesis* (jactarse, jactancia) es un fenómeno predominantemente paulino en el NT (55 de 59 veces).

Segundo, se notará que el mayor número de usos paulinos ocurre en 1 y 2 de Corintios (39 de 55) y que la vasta mayoría es peyorativa. ("Jactarse" en los logros humanos, o "jactarse" a base de los valores humanos [de esta edad], parece haber sido un problema en Corinto.)

Tercero, se descubrirá también que cuando Pablo usa el grupo de palabras de manera positiva, con frecuencia se "jacta" en cosas que están en contradicción con la "jactancia" humana (la cruz, la debilidad, el sufrimiento).

Por último, la paradoja de su "jactancia" en su apostolado también se considerará relacionada con la observación anterior, a saber, que Dios lo ha llamado a él y a sus iglesias a la existencia. Por tanto, Pablo puede jactarse en lo que Dios hace aun mediante las debilidades de Pablo.

De modo que es posible aprender mucho antes de consultar a Bauer, o en conjunción con él. Además, uno puede rápidamente ver cuán importante es esta información para entender 1 Co 1:26-31. Así como Dios deliberadamente hizo a un lado la sabiduría humana al redimir a la humanidad mediante la contradicción de la cruz, así también ha puesto a un lado la sabiduría humana al seleccionar a personas tales como los creyentes corintios para constituir el nuevo pueblo de Dios. Todo esto, dice Pablo, fue deliberado de parte de Dios para eliminar la "jactancia" en los logros humanos; precisamente la clase de "jactancia" que corresponde a la sabiduría de esa época en la que habían caído los creyentes corintios. El único fundamento para *kaújesis* en la nueva edad es en Jesucristo.

En este punto será bueno volver a Bauer y a las otras fuentes para determinar el matiz preciso de significado de "jactancia".

5. TRASFONDO HISTORICO-CULTURAL (véase I.8)

La naturaleza misma de las Escrituras demanda que el exégeta tenga alguna destreza en la investigación del trasfondo histórico-cultural de los textos del NT. El NT, después de todo, no viene en la forma de aforismos sin fecha; cada texto fue escrito en un marco de espacio/tiempo del siglo primero. Los autores del NT no vieron la necesidad de explicar lo que era para ellos y sus lectores lugares culturales comunes. Sólo cuando las costumbres regionales podrían no entenderse en un contexto más amplio se dan explicaciones (v.g., Mr 7:3, 4); pero éstas son raras.

Los problemas que el exégeta moderno enfrenta aquí son varios. Primero, al leer uno traslada sus ideas y costumbres al primer siglo. Así que una de las dificultades consiste en aprender a estar consciente de lo que necesita investigación. El segundo problema consiste en cómo uno realiza el proceso de investigación; y tercero, se debe aprender a evaluar la importancia de lo que se ha descubierto.

Obviamente, no hay respuestas fáciles o pasos fáciles a seguir aquí. Uno debe hacerse a la idea de que éste es un trabajo de toda una vida. Además, este trabajo no puede hacerse sin acceso a numerosas fuentes bibliográficas, primarias y secundarias. Las siguientes pautas, por tanto, no son tanto un intento de guiarlo a través de un proceso, sino de ampliar la perspectiva y dar algunas sugerencias sobre dónde consultar.

5.1. *Determine si el medio ambiente cultural del pasaje es fundamentalmente judío, grecorromano, o una combinación de ambos.*

El propósito de esta guía es servir como un constante recordatorio de que el medio cultural del primer siglo es muy complejo. Por lo general, los evangelios reflejarán trasfondos judíos, pero todos en su forma presente tienen una iglesia o misión no judía como su audiencia principal. Ya se pueden ver algunos cambios culturales en acción en los evangelios (v.g., el comentario de Marcos sobre las leyes alimenticias en 7:19; o el cambio topográfico en la parábola de los edificadores, el sabio y el necio, de las colinas de piedra de caliza y valles de yeso de Judea y Galilea en Mt 7:24-27 a la topografía de llanuras y ríos en Lc 6:47-49). De este modo cuando Jesús habla acerca de las limosnas, el divorcio, los juramentos, etc., es imperativo conocer la cultura judía en estos asuntos, pero sería también provechoso conocer la cultura grecorromana en tales asuntos para ser sensible a las semejanzas o diferencias.

Del mismo modo con las epístolas paulinas, es especialmente

importante tener un sentir del pensamiento esencialmente judío de Pablo, pero ya que escribió todas sus cartas a iglesias no judías ubicadas en una cultura grecorromana, uno debe también buscar medios de entender también esa cultura.

Para una excelente visión global de las corrientes políticas, religiosas e intelectuales del judaísmo y el helenismo romano del primer siglo se recomienda:

> Eduard Lohse, *The New Testament Environment* [El medio ambiente del Nuevo Testamento] (Abingdon Press, 1976).

Para el trasfondo de la interrelación entre judaísmo y helenismo que prepara la escena para el judaísmo del primero siglo, consúltese:

> Martin Hengel, *Judaism and Hellenism: Studies in Their Encounter in Palestine During the Early Hellenistic Period* [Judaísmo y helenismo: Estudios sobre su encuentro en Palestina durante la primera parte del período helenista]; 2 tomos. (Fortress Press, 1974).

5.2. *Determine el significado e importancia de personas, lugares, acontecimientos, instituciones, conceptos o costumbres.*

Esto es a lo que la mayoría de las personas se refiere cuando hablan de "trasfondos". Quieren saber cómo y por qué las personas hicieron las cosas. En realidad, tal información es crucial para la comprensión de muchos textos. El secreto para este paso es tener acceso a un campo amplio de literatura secundaria sobre el tema, con el aviso especial de que uno aprenda a comparar con regularidad las referencias dadas en estas publicaciones con las fuentes principales.

5.2.1. Ante todo, hay que tener acceso a uno de los diccionarios bíblicos de varios tomos. El mejor es:

> George A. Buttrick et al. (eds.), *The Interpreter's Dictionary of the Bible* [Diccionario de la Biblia del intérprete]; 4 tomos, (Abingdon Press, 1962).

Este diccionario tiene un suplemento reciente de un tomo:

> Keith Crim et al. (eds.), *The Interpreter's Dictionary of the Bible, Supplementary Volume* [Diccionario de la Biblia del intérprete, tomo suplementario]. (Abingdon Press, 1976),

Como alternativa, se puede consultar cualquiera de los siguientes:

> Geoffrey W. Bromiley et al. (eds.), *The International Standard Bible Encyclopedia* [Enciclopedia internacional estándar de la Biblia]; ed. rev. (Wm. B. Eerdmans Publishing Co., 1979).

Merrill C. Tenney et al. (eds.), *The Zondervan Pictorial Encyclopedia of the Bible* [Enciclopedia ilustrada Zondervan de la Biblia]; 5 tomos, (Zondervan Publishing House, 1975).

5.2.2. Esté al tanto de una gran variedad de libros que tratan de los varios aspectos de las costumbres y la cultura del primer siglo. Entre éstos debe señalarse:

Joachim Jeremías, *Jerusalem in the Time of Jesus: An Investigation Into Economic and Social Conditions During the New Testament Period* (Fortress Press, 1967). [Jerusalén en los tiempos de Jesús: una investigación de las condiciones económicas y sociales durante el período del Nuevo Testamento. (Salamanca: Ediciones Sígueme, 1977).]

Esta obra, como muchas otras, se debe usar con cierta precaución, ya que Jeremías a veces pasa por alto las fechas de las fuentes (véase II.5.4.2).

Otra obra más popular de esta clase es:

J. Duncan M. Derret, *Jesus's Audience: The Social and Psychological Environment in Which He Worked* [El público de Jesús: El ambiente social y psicológico en el cual obró] (Seabury Press, 1973).

Una obra más antigua que ha sido enteramente revisada y que cubre el período completo del NT, tanto histórica como sociológicamente, es:

Emil Schürer, *The History of the Jewish People in the Age of Jesus Christ (174 B.C.-A.D. 135): A New English Version Revised and Edited* [Historia del pueblo judío en la época de Jesucristo (175 a.C.-135 d.C.): Nueva versión en inglés revisada y editada]; ed. por Géza Vermès et al.; 3 tomos, (Edinburgh: T. & T. Clark, 1973, 1979).

La propia complejidad del lado grecorromano (Grecia, Roma y las provincias de todas clases) hace imposible seleccionar una bibliografía adecuada en un libro como este. Con un poco de esfuerzo, uno puede encontrar en las bibliotecas materiales valiosos, tanto generales como especializados, en varios estudios clásicos. Una palabra de precaución: se debe tener cuidado de no hacer generalizaciones acerca de todo el mundo pagano a base de la evidencia de una parte de ese mundo.

Otros dos libros de carácter popular que tocan asuntos de la vida cotidiana son:

Max Cary y T. J. Haarhoff, *Life and Thought in the Greek and Roman World* [Vida y Pensamiento en el mundo griego y romano] (Londres: Methuen & Co., 1940).

Harold Mattingly, *The Man in the Roman Street* [El hombre

de la calle romana] (W.W. Norton & Co., 1966).
[NOTA DEL TRADUCTOR: En castellano pueden consultarse:
J. I. Packer et al., *El mundo del Nuevo Testamento* y *La vida diaria
en los tiempos bíblicos*, (Deerfield: Editorial Vida, 1985).]

**5.3. Reúna textos paralelos o contraparalelos de fuentes
judías o grecorromanas que ayuden a la comprensión
del medio cultural del autor pasajeque se estudia.**

Este es un paso más adelante de 5.2 que lleva a algunas de las
fuentes primarias (a menudo por la vía de la traducción, por
supuesto). El propósito de tal colección de textos varía. A veces,
como en los pasajes sobre el divorcio, el propósito es exponerse
uno a las varias opciones de la cultura del primer siglo; otras
veces, como en 1 Ti 6:10, es para reconocer que el autor cita un
proverbio común. Pero en cada caso el propósito es entrar en
contacto uno mismo con el mundo del primer siglo.

A medida que usted recopila los textos, debe estar al tanto no
sólo de los paralelos directos sino también de contraparalelos
(ideas o costumbres antitéticas), y también de los textos que
reflejan un medio común de ideas. Para obtener ese material debe
hacerse lo siguiente:

**5.3.1. Esté consciente de la amplia extensión de literatura
que compone los trasfondos judíos.**

Este material se puede agrupar convenientemente en las siguientes categorías:

    a. *El Antiguo Testamento y la Septuaginta.*
    b. *Los apócrifos.*
    c. *Los seudoepígrafos.*
    d. *Los rollos del mar Muerto.*
    e. *Los escritores judíos helenistas Filón y Josefo.*
    f. *La literatura rabínica.*
    g. *La literatura targúmica.*

**5.3.2. Infórmese de la literatura que existe sobre el mundo
grecorromano.**

La más grande y mejor colección es la de la Biblioteca Clásica
Loeb (Harvard University Press), la cual tiene los textos griegos
y latinos, junto con una traducción al inglés, en más de 450 tomos.

Un proyecto que tiene tiempo en marcha, llamado el Corpus
Hellenisticum Novi Testamenti, ha estado coleccionando y publi-
cando paralelos y contraparalelos al NT por muchos autores.
Algunos de los más importantes ya publicados se encuentran en
el capítulo IV, Paso 8.

5.3.3 *Para textos específicos, use las principales fuentes secundarias como punto de partida.*

No hay "reglas" que seguir aquí. Uno de los lugares donde comenzar podría ser con algunos de los mejores comentarios (la serie Hermeneia en inglés, Etudes Bibliques en francés, o las series Meyer o Herder en alemán). Con mucha frecuencia, las referencias pertinentes aparecerán entre paréntesis en el texto o en notas.

Para el lado helenista uno podría pasar rápidamente por los índices de materiales en el Corpus Hellenisticum.

Para los materiales rabínicos hay dos excelentes fuentes:
Hermann L. Strack y P. Billerbeck, *Kommentar zum Neuen Testament aus Talmud und Midrasch* [Comentario sobre el Nuevo Testamento a base del Talmud y el Midrash]; 6 tomos, (Munich: Beck 1922-1961).

Esta es una colección de textos de la literatura rabínica según reflejan el trasfondo del NT, organizados en el orden canónico del NT. Aunque los textos están en alemán, el estudiante hispano puede recoger sus referencias e ir a las traducciones al castellano (para sus abreviaturas de referencia, véase el Tomo 1, pp. vii-viii). Debe tenerse cuidado aquí (véase II.5.4.2), porque esta colección no siempre discrimina, pero es, no obstante, una fuente de consulta valiosa.

J. Bonsirven, *Textes Rabbiniques des deux premiers siècles chrétiens pour servir à l'intelligence du Nouveau Testament* [Textos rabínicos de los primeros dos siglos cristianos para ayudar en el entendimiento del Nuevo Testamento] (Roma: Biblical Institute Press, 1955).

Esta colección está organizado por ensayos en el Talmud. Sin embargo, puede usarse el índice al final para localizar la información para pasajes específicos. A pesar del título, no todas las referencias datan de los primeros dos siglos de la iglesia cristiana. Sin embargo, es también una fuente útil.

5.4. *Evalúe la importancia de la información de trasfondo para la comprensión del texto.*

Este es sin duda el paso más crucial de la exégesis; es al mismo tiempo el más difícil de "enseñar" o de reglamentar. Lo que sigue, por tanto, son algunas sugerencias y advertencias sobre las cosas que necesita observar.

5.4.1. *Esté consciente de la clase de información de trasfondo con la cual trata.*

Esta observación repite sencillamente lo que se notó en II.5.3. ¿El pasaje de "trasfondo" presenta un paralelo directo al pasaje del NT en consideración? ¿Es un contraparalelo o una antítesis? ¿Refleja el medio cultural mayor según el cual se debe entender el pasaje?

5.4.2. Determine, en cuanto sea posible, la fecha de la información de trasfondo.

Debe aprender a desarrollar una amplia sensibilidad aquí, porque la "fecha" del autor del pasaje paralelo puede o no hacerlo pertinente al pasaje del NT. Por ejemplo, un escritor del siglo II d. C. puede reflejar la corriente cultural o intelectual de una época anterior. No obstante, se debe precaverse, por ejemplo, de poner ideas gnósticas posteriores en el primer siglo sin la correspondiente evidencia contemporánea.

El problema de la fecha es particularmente agudo para los materiales rabínicos. A menudo en la erudición del NT ha habido un uso indiscriminado de los materiales del Talmud, sin una adecuada preocupación por la fecha.

5.4.3. Sea extremadamente precavido acerca del concepto de "préstamo".

Para esta plaga común Samuel Sandmel acuñó el término "paralelomanía". Los eruditos del NT con demasiada frecuencia tienen la inclinación de cambiar "el lenguaje común" en "influencia", y la "influencia" en "préstamo". El propósito aquí es hacer una advertencia. No diga: "Pablo tomó esta idea de. . ." a menos que usted tenga buena razón para creerlo y pueda probar su afirmación. Por otra parte, uno puede con frecuencia decir: "Al decir esto, Pablo refleja una tradición (o idea) que puede ser hallada además en. . ."

5.4.4. Infórmese sobre las tradiciones diversas en los materiales de trasfondo, y considere su valor para el pasaje que se estudia.

¿El pasaje bíblico refleja conformidad o antítesis a alguna de estas tradiciones? ¿Refleja el pasaje ambigüedad? Otra vez, debe tenerse precaución aquí. Por ejemplo, 1 Ti 2:14 dice que Eva, porque había sido engañada, llegó a ser pecadora. Es común argumentar, a la luz del lenguaje de los vv. 9,10 y 15, que esto se refiere a una tradición rabínica y apocalíptica de que Satanás sedujo a Eva sexualmente. Pero hay una tradición contemporánea igualmente fuerte que implica que fue engañada porque era el sexo débil. Además, varias otras fuentes hablan de su engaño sin atribuirlo a ninguna de estas causas. La precaución es urgente por tal diversidad.

5.4.5. *Esté consciente de la posibilidad de peculiaridades locales de las fuentes.*
Esta precaución es especialmente cierta con respecto a los autores grecorromanos. Al aludir a costumbres o conceptos, ¿refleja el autor lo que es una costumbre universal común, local, o regional? ¿Sugiere él una norma, o una excepción a lo que es normal? Por ejemplo, cuando Dío Crisóstomo lamenta la decadencia de la costumbre de cubrirse con el velo (*Orationes* 33.48f.), ¿refleja su propio gusto, las circunstancias particulares de Tarso, o una costumbre más universal?

Por último, debe notarse como medida de precaución que mucha de la literatura de trasfondo ha llegado a nosotros por circunstancias fortuitas, y que mucha de la información se compila de una diversidad de fuentes en existencia que reflejan sólo un pequeño porcentaje de lo que fue escrito en la antigüedad. Aunque es correcto sacar conclusiones de lo que hay, tales conclusiones a menudo se deben presentar algo más tentativamente de lo que la mayoría de los eruditos del NT suelen hacerlo.

No obstante, a pesar de estas precauciones, éste es un rico tesoro de información que por lo general ayudará inmensamente en la tarea exegética. Por tanto, es urgente que el estudiante lea con regularidad y mucho de las fuentes principales de la antigüedad. Tales lecturas a menudo darán una comprensión del período considerado y capacitarán para cosechar mucho de una manera general, aun cuando no necesariamente produzcan paralelos directos inmediatos.

6. EL ANALISIS DE UN FRAGMENTO (véase I.10 [Ev])

Como se anotó en el capítulo I, el análisis de una enseñanza o narración en un evangelio determinado consta de tres preguntas básicas: (1) *Selectividad:* ¿Hay alguna importancia en el hecho de que esta enseñanza o narración se encuentra en el evangelio del cual se hace la exégesis? (2) *Organización:* ¿Hay alguna importancia para su inclusión precisamente en este punto (la cuestión del contexto literario)? (3) *Adaptación:* ¿Algunas de las diferencias en el lenguaje o el orden de las palabras tienen importancia para el significado del fragmento en el evangelio del cual se hace la exégesis?

La clave para contestar esas preguntas está en que usted aprenda a usar una sinopsis de los evangelios, con regularidad. Los pasos en esta sección, por lo tanto, están en dos partes: II. 6.1. a 6.3 tienen que ver con el aprendizaje del uso de la sinopsis; II.6.4 a 6.7 tienen que ver con el análisis de un fragmento a la luz de las tres cuestiones básicas anotadas antes, a base de lo que uno puede descubrir al seguir con cuidado el II.6.3.

6.1. *Seleccione una sinopsis.*

En la actualidad hay cuatro sinopsis de las que uno necesita estar enterado. El siguiente estudio se basará primordialmente en la primera. Ya que muchos estudiantes consideran que la segunda es útil, las referencias a esta sinopsis se harán en corchetes.

1. La sinopsis más importante para el estudio serio de los evangelios es:

Kurt Aland (ed.), *Synopsis Quattuor Evangeliorum;* 9a ed. (Stuttgart: Deutsche Bibelstiftung, 1976).

Como el título indica, es una sinopsis comprensiva de los cuatro evangelios. Reproduce el texto griego de la NA[26]/UBS[3], con el aparato textual de la NA[26]. Incluye también el texto griego completo de paralelos no canónicos, y una traducción del Evangelio según Tomás.

2. Para los estudiantes y los pastores la sinopsis anterior se ha editado por segunda vez con una traducción al inglés (RSV) en la página de enfrente:

Kurt Aland (ed.), *Synopsis of the Four Gospel, Greek-English Edition of the Synopsis Quattuor Evangeliorum* [Sinopsis de los cuatro evangelios, edición grecoinglesa de la Synopsis Quattuor Evangeliorum]; 3a ed. (United Bible Societies, 1979).

Muchas de las características de la sinopsis completa se conservan aquí, excepto que el aparato está considerablemente condensado, los paralelos secundarios no aparecen (lo cual es una reducción lamentable), y los paralelos no canónicos se omiten.

3. Heinrich Greeven ha revisado recientemente en su totalidad una sinopsis con una larga historia de utilidad:

Albert Huck, *Synopsis of the First Three Gospels* [Sinopsis de los primeros tres evangelios]; 13a ed., rev. por Heinrich Greeven (Tübingen: J. C. B. Mohr [Paul Siebeck], 1981).

Esta sinopsis tiene varias características interesantes. En primer lugar, Greeven ha producido un texto griego enteramente nuevo, el cual tiene considerables diferencias con la NA[26]/UBS[3]. En segundo lugar, el aparato textual se limita a dos clases de variantes: las consideradas por otros críticos textuales como originales y las que en cierto grado reflejan asimilación entre los evangelios. En tercer lugar, pasajes del Evangelio según San Juan se incluyen ahora, pero solamente los que son paralelos a los sinópticos. En cuarto lugar, se emplean cursivas para todos los paralelos que están en diferente secuencia en el segundo o tercer evangelio. El profesor Greeven ha realizado también un esfuerzo para tener todas las redacciones paralelas en columnas y espacios paralelos precisos; pero para hacerlo así ha permitido que las líneas entre los evangelios vayan en zigzag, lo cual a veces dificulta seguir la secuencia en el evangelio.

4. Una sinopsis que existe sólo para el evangelio de Mateo es: Reuben J. Swanson, *The Horizontal Line Synopsis of the Gospels, Greek Edition:* Volume I, *The Gospel of Matthew* ([La sinopsis en línea horizontal de los evangelios, edición griega: Tomo I, El evangelio de Mateo] (Western North Carolina Press, 1982).
Para cierta clases de trabajos este libro podrá ser una fuente de consulta útil. En lugar de imprimir los paralelos en columna, el profesor Swanson ha impreso los paralelos alineándolos a través de la página, uno bajo el otro. Toda concordancia de cualquiera de los evangelios con Mateo está subrayada. También se incluye un aparato completo de variación textual, que muestra la redacción de los manuscritos importantes, también en paralelos horizontales, uno bajo el otro.

El estudio que sigue se basará en el amplio estudio de Aland *Synopsis Quattuor Evangeliorum* [Sinopsis de los cuatro evangelios]. Usted debe por lo menos aprender a usar esta fuente de consulta, aunque finalmente trabaje con una de las otras.

6.2. *Localice el pasaje en la sinopsis.*

Después que se haya familiarizado con la sinopsis, este paso se convertirá en algo fácil y comenzará con 6.3, pero al principio es necesario aprender a "leer" la *Sinopsis* de Aland. El siguiente estudio usará la colección de enseñanzas de Mt 7:1-5 y Mr 4:21-25, así como la parábola de Mt 7:24-27, como ejemplos. (La referencias entre corchetes son de la sinopsis griego-inglés.)

Hay dos maneras de localizar estos fragmentos. Una es consultar el Indice II, pp. 576-583 [356-361], en la cual se dan tanto el número del fragmento (nr.= alemán para número) y el número de la página. Así Mt 7:1-5, por ejemplo, aparece en la página 92 [60] y Mr 4:21-25 en la página 179 [117]. El segundo modo, y el más común, es buscar las referencias en la parte superior de cada página. En cada caso se encontrará una referencia a cada uno de los cuatro evangelios. Estas referencias son en la mayoría de los casos una mezcla de tipos de letra regular y negritas. Para entender estas referencias, es necesario entender la composición de la sinopsis.

La sinopsis reproduce cada evangelio en su propia secuencia (u orden) de principio a fin (es decir, de Mt 1:1 a 28:20, etc.). De esta manera los pasajes que se encuentran en cada uno de los tres evangelios, todos en la misma secuencia, aparecerán una vez en la sinopsis, pero los pasajes paralelos que aparecen en diferente secuencia en los otros evangelios aparecerán dos o tres veces según el número de secuencias diferentes. La manera más fácil de imaginar esto es familiarizarse con el indice I, páginas 551-575 [341-355]. Aquí se notará que para cada evangelio las referencias en negritas siguen simplemente el orden de ese evangelio. Se notará también que las referencias de tipo regular de letra intercaladas entre las negritas están siempre fuera de secuencia para ese evangelio pero son paralelas a una referencia en negritas en por lo menos un evangelio más. De este modo en cualquier punto donde dos o todos los evangelios tengan el mismo fragmento en el mismo orden (e.g., nos. 7, 11, 13, 14, 16, 18), las referencias están todas en letras negritas y el fragmento se halla en la sinopsis esa única vez. Sin embargo, cuando uno o más de los evangelios tiene un fragmento en tipo regular de letra, esto significa que otro evangelio (o dos) tiene este fragmento en una secuencia diferente. La sinopsis entonces dará ese fragmento dos o más veces, una vez en la secuencia de cada evangelio (véase por ejemplo nos. 6 y 19, 33 y 139, ó 68 y 81).

Ahora volvamos a las referencias como aparecen en la parte superior de cualquier página. Las referencias en negritas aquí indican dos cosas: *(a)* "dónde usted está" en la secuencia de ese evangelio, y *(b)* que el texto de ese (o esos) evangelio(s) se halla en esa página. Las referencias en tipo regular indican "dónde usted está" en la secuencia de ese evangelio; es decir, le da el último fragmento enumerado en secuencia en ese evangelio, pero no tiene nada que ver con esa página.

Por ejemplo, si busca Mr 4:21-25, puede abrir la sinopsis en cualquier lugar y seguir las referencias de Marcos hacia delante o hacia atrás hasta encontrar 4:21-25 en negritas en la página 179 [117]. Ahí se verá que Mr 4:21-25 y Lc 8:16-18 están en negritas y reproducidos en la página abajo. La referencia a Mt (13:18-23) no está en esta página, pero si se vuelve una página se hallará esta referencia en negritas, junto con Marcos y Lucas. Eso significa que Marcos y Lucas están en secuencia para ambos fragmentos, pero que Mateo omite en este punto en su evangelio lo que Marcos incluye como 4:21-25.

El pequeño "nr.125" en corchetes en la parte superior izquierda indica que el fragmento número 125 en el sistema de Aland (véase su Indice II) se encuentra en esta página.

En cada página se hallarán cuatro columnas, con texto griego en una hasta todas las cuatro columnas, siempre en el orden canónico de Mateo, Marcos, Lucas y Juan. Juan no tiene paralelo con Mr 4:21-25, por eso la columna es estrecha y aparece en blanco. Se notará que ni Marcos ni Juan tienen paralelos con Mt 7:24-27, por eso las columnas con texto son más amplias aquí, y Marcos y Juan tienen columnas angostas y vacías. Otras pocas características deben considerarse. Se notará que la columna de Mateo en la página 179 [117] tiene cuatro textos diferentes enumerados en el encabezado (5:15; 10:26; 7:2; 13:12), con una referencia en tipo más pequeño (25:29) enumerada debajo (ésta no se reproduce en la sinopsis griego-inglés). Entonces en la columna del texto, cada uno de los cuatro pasajes se reproduce en la secuencia de su correspondiente paralelo con Marcos. El paréntesis que sigue a cada referencia indica el fragmento y los números de páginas donde ese texto se puede hallar en la secuencia de Mateo. Así si uno abre el libro en la página 77 [51], fragmento no. 53, hallará Mr 4:21 en un paralelo fuera de secuencia con Mt 5:15.

Las referencias en números pequeños bajo las referencias de Mateo y Lucas, encontradas en la sinopsis griega solamente, remiten a paralelos adicionales (llamados paralelos secundarios) con enseñanzas encontradas en otros lugares en Mateo y Lucas. Se notará que esos paralelos se reproducen en la parte de abajo de las columnas de Lucas y Mateo (continuadas en la página 180). Es importantísimo que usted tome el tiempo para ver estas referencias, porque muy a menudo agregarán información importante a la exégesis (véase en especial 6.4, más abajo).

Finalmente, todavía en la página 179 [118], debe observarse la anotación de la parte de abajo de la columna de Lucas (*nr. 135 8, 19-21 p. 184* [121]). Esto significa que el siguiente artículo en secuencia en el Evangelio de Lucas (8:19-21) se encontrará en el fragmento número 135 en la página 184 [121].

6.3. *Aísle las correspondencias y diferencias de redacción entre su fragmento y su(s) paralelo(s) sinóptico(s).*

Este paso es la clave para los pasos analíticos que siguen. Por lo tanto, es de especial importancia que dedique tiempo con regularidad para realizar este procedimiento. Al principio puede practicar con páginas copiadas. Mucha de la información que busca en los pasos analíticos se descubrirá en el proceso de trabajar a través del fragmento en este paso.

El procedimiento en sí es muy sencillo y requiere solamente dos bolígrafos o lápices de colores. Se puede usar azul para la información de tradición triple y rojo para la de tradición doble (véase paso 6.4). Se pueden agregar tres colores más, uno para cada evangelio, a medida que se descubren sus características lingüísticas/estilísticas únicas (v.g., el uso en Marcos de *kaí euthús* [e inmediatamente] o *kaí élegen autoís* [y él les decía], o el uso en Mateo de *dikaiosune* [justicia] o "reino de los cielos", etc.).

El procedimiento consiste en subrayar con una regla recta todas las correspondencias verbales de la siguiente manera (para los paralelos de Marcos):

1. Trazar una línea *llena* bajo todas las correspondencias verbales *idénticas* (=redacción idéntica) entre Marcos y uno o los dos paralelos (aunque las palabras estén en diferente orden o traspuestas a un lugar antes o después en el pasaje).

2. Trazar una línea *quebrada* bajo todas las correspondencias verbales que tengan las *mismas palabras* pero *formas diferentes* (caso, número, tiempo, voz, modo, etc.).

3. Trazar una línea *de puntos* bajo cualquiera de los anteriores donde Mateo o Lucas tengan un orden de palabras diferente o hayan traspuesto algo antes o después en el fragmento.

Mediante este procedimiento habrá aislado *(a)* la cantidad de texto de Marcos reproducido por Mateo y/o Lucas y *(b)* la cantidad y clases de variación del texto de Marcos en cualquiera de los otros evangelios. Los pasos que siguen son un análisis de estas correspondencias y variaciones.

Para la tradición doble, por supuesto, se sigue el mismo procedimiento, pero entonces se trabaja sólo con las correspondencias y diferencias entre Mateo y Lucas.

En las páginas 98 y 99 puede verse la aplicación de lo anterior a Mr 4:21-25 y Mt 7:1-5 y sus paralelos.

6.4. *Determine la clase de tradiciones en que aparece su fragmento (véase I.10.1 [Ev]).*

Esta es otra manera de presentar el asunto de la selectividad, la cual es en último término la determinación de si tal selección tiene en sí importancia exegética. Pero el primer paso aquí es *describir* lo que uno encuentra en el texto, especialmente mediante la determinación de las tradiciones en que aparece su fragmento.

Los textos de los evangelios son de cinco clases (algunos eruditos pueden indicar cuatro o tres):

a. La tradición de Marcos, que aparece de cuatro maneras: la tradición triple; Marcos con Lucas (= una omisión de Mateo); Marcos con Mateo (= una omisión de Lucas); o Marcos solo;

b. La tradición doble = Mateo y Lucas tienen textos en común que no se encuentran en Marcos. Esto se conoce comúnmente como Q, pero es menos probable que sea una fuente única o una sola tradición que el que sea varias clases de textos a disposición de ambos;

c. La tradición de Mateo = texto peculiar a Mateo, parte del cual, por supuesto, pudo haber pertenecido a Q, pero Lucas lo omitió;

d. La tradición de Lucas = texto peculiar de Lucas; y

e. La tradición de Juan = texto peculiar de Juan.

Debe notarse además que ocasionalmente hay una superposición entre la tradición de Marcos y la doble, lo cual en parte explica algunas de las concordancias de Mateo y Lucas en contraste con Marcos, y también algunos dobletes en Mateo y Lucas.

Por lo general parte la "determinación de la tradición" es cuestión sencillamente de notar a cuál de esas cinco clases corresponde el fragmento que se estudia. Sin embargo, algunas veces para Mateo y Lucas eso llega a ser algo más complejo, precisamente porque uno debe determinar si el "paralelo" con Marcos lo sigue o corresponde a Q. Por ejemplo, en el fragmento no. 125 (Mr 4:21-25 y paralelos) Marcos tiene una colección de cinco enseñanzas diferentes (indicaremos en II.6.5 cómo se puede determinar esto), convenientemente ordenadas en este caso por la división de los versículos. Se notará que sólo Lucas sigue la secuencia de Marcos aquí, y que reproduce tres de los enseñanzas, más "mirad, pues, cómo oís" del v. 24. Se debe observar también por el subrayado en el paso 6.3 que él reproduce los vv. 22 y 25 con más precisión que el v. 21.

Se notará que Mateo tiene cuatro de las cinco enseñanzas, pero todas en diferentes lugares de su evangelio. Sin embargo, debe reconocerse también que su redacción se parece muy poco a la de Marcos en los primeros dos casos, pero mucho en el último. Mirando los paralelos "secundarios" en la columna de Lucas, uno puede hacer algunos juicios acerca de los paralelos de Mateo, y también de Lc 8:16 (el versículo en Lucas que se parece menos a Marcos). Si usted traza una línea roja bajo Mt 10:26 en paralelo con Lc 12:2 (véase el fragmento no. 101, donde 10:26 aparece en su secuencia de Mateo, para una explicación de las razones para hacerlo), descubrirá que Mt 10:26 no es un verdadero paralelo de Mr 4:22 sino una versión Q de la misma enseñanza. De modo semejante, una comparación de Mt 5:15 con Lc 11:33 indica que hay una versión Q de esta enseñanza también (véase el fragmento no. 192, p. 275 [175]), y que Lucas, aun cuando sigue a Marcos, tiende a preferir aquella versión; aunque el paralelo en Marcos

El que tiene oídos para oír, oiga.

Mateo 5:15; 10:26; 7:2; 13:12	Marcos 4:21-25	Lucas 8:16-18
15 Ni se enciende una luz y se pone debajo de un almud, sino sobre el candelero, y alumbra a todos los que están en casa.	21 También les dijo: ¿Acaso se trae la luz para ponerla debajo del almud, o debajo de la cama? ¿No es para ponerla en el candelero?	16 Nadie que enciende una luz la cubre con una vasija, ni la pone debajo de la cama, sino que la pone en un candelero para que los que entran vean la luz.
26 Así que, no los temáis; porque nada hay encubierto, que no haya de ser manifestado; ni oculto, que no haya de saberse.	22 Porque no hay nada oculto que no haya de ser manifestado; ni escondido, que no haya de salir a luz. 23 Si alguno tiene oídos para oír, oiga.	17 Porque nada hay oculto, que no haya de ser manifestado; ni escondido, que no haya de ser conocido, y de salir a luz.
2 Porque con el juicio con que juzgáis, seréis juzgados, y con la medida con que medís, os será medido.	24 Les dijo también: Mirad lo que oís; porque con la medida con que medís, os será medido, y aun se os añadirá a vosotros los que oís.	18 Mirad, pues, cómo oís;
12 Porque a cualquiera que tiene, se le dará, y tendrá más; pero al que no tiene, aun lo que tiene le será quitado.	25 Porque al que tiene, se le dará; y al que no tiene, aun lo que tiene se le quitará.	porque a todo el que tiene, se le dará; y a todo el que no tiene, aun lo que piensa tener se le quitará.

Acerca del juicio

Mateo 7:1-5

1 No juzguéis, para que no seáis juzgados. 2 Porque con el juicio con que juzgáis, seréis juzgados, y con la medida con que medís, os será medido.

3 ¿Y por qué miras la paja que está en el ojo de tu hermano, y no echas de ver la viga que está en tu propio ojo?

4 ¿O cómo dirás a tu hermano: Déjame sacar la paja de tu ojo, y he aquí la viga en el ojo tuyo?

5 ¡Hipócrita! saca primero la viga de tu propio ojo, y entonces verás bien para sacar la paja del ojo de tu hermano.

Lucas 6:37-42

37 No juzguéis, y no seréis juzgados; no condenéis, y no seréis condenados; perdonad, y seréis perdonados. 38 Dad, y se os dará; medida buena, apretada, remecida y rebosando darán en vuestro regazo; porque con la misma medida con que medís, os volverán a medir.

39 Y les decía una parábola: ¿Acaso puede un ciego guiar a otro ciego? ¿No caerán ambos en el hoyo?

40 El discípulo no es superior a su maestro; mas todo el que fuere perfeccionado, será como su maestro.

41 ¿Por qué miras la paja que está en el ojo de tu hermano, y no echas de ver la viga que está en tu propio ojo? 42 ¿O cómo puedes decir a tu hermano: Hermano, déjame sacar la paja que está en tu ojo, no mirando tú la viga que está en el ojo tuyo? Hipócrita, saca primero la viga de tu propio ojo, y entonces verás bien para sacar la paja que está en el ojo de tu hermano.

ha proporcionado la imagen de "colocar la lámpara debajo de una cama".

De este modo uno puede concluir lógicamente acerca de este fragmento que (1) Lucas generalmente ha reproducido a Marcos, pero omite dos enseñanzas cortas y cambia la redacción de la primera bajo la influencia de otra versión, y (2) Mateo lo omite todo, excepto el v. 25, el cual ha sido insertado algunos versículos antes en la "razón para hablar en parábolas" (como una explicación adicional de por qué a los discípulos se les había permitido conocer los misterios del reino).

El asunto de la importancia de la selectividad variará de un evangelista a otro. Con respecto al Evangelio de Juan uno deberá tomar en serio la afirmación del autor de que todo se ha incluido para lograr el objetivo de 20:30, 31. La cuestión recurrente, entonces debe ser siempre: ¿Cómo entra esta narración en el propósito de Juan de demostrar que Jesús es el Mesías y el Hijo de Dios?

Para el Evangelio de Marcos uno puede suponer también que la inclusión de una enseñanza o fragmento tiene importancia. Esto es especialmente cierto si también se puede demostrar que se acomoda a su organización (paso 6.5), pero uno también debe estar consciente de la posibilidad de que algunas cosas se incluyen sólo porque estaban a su disposición.

Para Mateo y Lucas la inclusión de algo de Marcos puede tener alguna importancia o ninguna. No obstante, el hecho de que los dos a veces deciden no incluir algo y que generalmente adaptan lo que sí incluyen, indica que la selectividad tiene importancia. Para la tradición doble y la sencilla, por supuesto, la pregunta es la misma que para Marcos y Juan: ¿se relaciona la inclusión de esta enseñanza o narración con los intereses especiales conocidos del evangelista? En la mayoría de los casos la respuesta es afirmativa.

6.5. *Analice la secuencia del fragmento en el evangelio del cual hace la exégesis. (véase I.10.2 [Ev]).*

Esta parte del análisis se relaciona con la organización que el evangelista da a su texto, y por tanto tiene que ver con la cuestión del contexto literario. La pregunta que se hace es: ¿por qué se incluye esto aquí, en *esta* secuencia?

6.5.1. *El Evangelio de Marcos*

Los indicios de la importancia de la organización en Marcos son con más frecuencia internos. Es decir, uno tiene solamente que leer y releer una sección larga del texto y preguntar con insistencia: ¿por qué incluyó Marcos esto aquí? En muchos casos eso se verá claro al leer. Por ejemplo, la colección de narraciones en Mr 1:21-44 tiene en todas partes un motivo claro: las maravillosas obras de Jesús que generan mucho entusiasmo y popularidad, al grado que ya no podía "entrar abiertamente en una ciudad" (v. 45).

Asimismo, la colección de historias de conflicto en Mr 2:1 — 3:6, con su tema recurrente de "¿por qué?" (2:7, 16, 18, 24) y la conclusión en 3:6 con el afianzamiento de la enemistad, tiene sus propios indicios que se disciernen con facilidad.

Algunas veces, esta ayuda viene del ejercicio en el paso 6.3. La observación de lo que Mateo o Lucas hacen con el relato de Marcos pone de relieve la organización de Marcos. Esto sería especialmente cierto con respecto a Mr 4:21-25, mencionado antes. Hay dos cosas que sugieren que ésta es un organización de Marcos: (1) el hecho que la mayoría de las enseñanzas existen independientes de esta organización en la tradición doble; (2) el uso de *kaí élegen autoís*, que Marcos usa con frecuencia para unir una enseñanza adicional a un fragmento (véase Mr 4:21, 24 donde esta frase se destaca en Marcos porque no está subrayada).

Dado que ésta es una organización de Marcos y que aparece en una sección sobre parábolas y el misterio del reino, el cual se da a los discípulos pero no a los de afuera, la exégesis de uno aquí debe preguntar cómo estas enseñanzas deben entenderse en este contexto.

6.5.2. *Los evangelios de Mateo y Lucas*

La cuestión de la secuencia, o contexto literario, para estos evangelios depende de si el fragmento viene de Marcos o pertenece a la tradición doble o a la sencilla. Si su secuencia es la misma de Marcos, eso significa que siguen su orden. Por lo general, la presentación especial de ellos de tal texto se encontrará en el paso 6.6. Sin embargo, cuando difieren de la secuencia de Marcos, entonces uno puede argüir que ellos tienen alguna razón para ello y la exégesis debe incluir la búsqueda de tal razón (véase la ilustración en 6.6.1b).

Para la tradición doble o la sencilla, uno debe hacer preguntas como las hechas para el Evangelio de Marcos. Para la tradición doble, sin embargo, es casi siempre a propósito observar con cuidado dónde y cómo el otro evangelista coloca el mismo fragmento. Nótese en especial los fragmentos en Mt 7:1-5 || Lc 6:37-42. Se observará que Lucas tiene dos inserciones importantes al texto que tiene además una redacción muy parecida a la de Mateo. En la secuencia de Mateo, la cual es muy probable que pertenezca a Q, la colección completa es una enseñanza sobre no juzgar a un hermano. En la secuencia de Lucas, sin embargo, hay dos grupos de enseñanzas, una sobre "responder de la misma manera", con ejemplos positivos y negativos, y otra que es algo más difícil de comprender, pero parece puntualizar la necesidad de la enseñanza como base para no juzgar a un hermano o hermana.

Del mismo modo en la tradición sencilla en Mateo o Lucas, la capacidad para ver el interés del evangelista en la organización se relaciona usualmente con el análisis del lugar donde él la ha insertado en el esquema de Marcos.

6.5.3. *El Evangelio de Juan*

Aquí la cuestión de la organización es similar a la de Marcos, pero en este caso está relacionada sobre todo con la comprensión general que uno tenga de la estructura del Evangelio de Juan. Si las fiestas judías son la clave para entender el texto en Jn 2:12 a 12:50, como muchos piensan, entonces esto se convierte en una clave para las cuestiones del contexto literario. En cualquier caso, la independencia de Juan de la tradición sinóptica (en su mayor parte) significa que las claves de la organización son internas; aunque la colocación de algunas cosas que tiene en común con los sinópticos (v.g., la purificación del templo, el ungimiento en Betania) presentan cierta ayuda para ver la perspectiva de Juan.

6.6. *Determine si la adaptación del fragmento que hace el evangelista es importante para la interpretación del texto* (véase I.10.3 [Ev]).

La clave para este paso es volver a 6.3, y analizar con cuidado las diferencias entre los evangelios. Tal análisis buscaría cuatro cosas: (1) reordenamiento del texto (paso 6.5), (2) adiciones u omisiones del texto, (3) cambios de estilo, y (4) verdaderas diferencias de redacción. Una combinación de estos factores por lo general llevará a la evaluación bastante precisa de los intereses del autor. ATENCION: Usted debe aprender a distinguir entre su descripción de lo que un autor ha hecho, que debe ser algo objetiva, y su interpretación de por qué lo hizo, que puede hacerse más bien subjetiva. Aunque es cierto que la tarea de la interpretación aquí es en realidad descubrir el propósito del autor, se debe tener cuidado de no identificar del todo los descubrimientos propios con ese propósito.

6.6.1. *La tradición triple* (Marcos-Mateo-Lucas)

a. *Marcos.* Como es casi seguro que Marcos trabajó con informaciones orales, que debemos reconstruir de su evangelio, siempre hay cierta cantidad de especulación acerca de su adaptación de la información. Es mucho más fácil ver su influencia en el proceso de organización. No obstante, ciertas características lingüísticas y estilísticas de su evangelio se han identificado claramente como suyas.

b. *Mateo y Lucas.* Aquí uno se encuentra en terreno más firme debido a su uso de Marcos. En este caso ilustraremos el proceso completo al mirar la redacción que Lucas hace de Marcos en Lc 8:16-18 (Mr 4:21-25).

Primero, debe enfatizarse que un análisis de este tipo debe observar la unidad mayor (Lc 8:4-21) y ver como encajan los vv. 16-18. Mediante tanto un examen cuidadoso del Indice I en su sinopsis (pp. 558-559 [345-346]) como un análisis de los subrayados azules, se pueden hacer las siguientes observaciones descriptivas:

1. El texto más reciente donde Lucas ha seguido a Marcos es Lc 6:12-16 (Mr 3:13-19). Entre tanto, ha incluido un texto largo que no pertenece a Marcos (Lc 6:17 a 7:50). Cuando regresa a Marcos omite Mr 3:20, 21 (donde la familia de Jesús va a rescatarlo porque muchas personas pensaban que estaba loco), sigue las versiones Q de Mr 3:22-27 y 28-30 y los inserta en diferentes lugares en su evangelio, y finalmente invierte el orden de Mr 3:31-35 al colocarlo en la conclusión de esta sección (Lc 8:4-21) que trata de la enseñanza con parábolas. Al final de la sección omite también Mr 4:26-34.

2. Lucas introduce la sección (8:1-3) notando que Jesús está de nuevo en un ministerio itinerante de predicación, acompañado por los doce discípulos y algunas mujeres.

3. En Lc 8:4 el contexto de la parábola del sembrador no es el mar y Jesús en un bote (en 8:22 Lucas debe adaptar al decir que Jesús "un día" subió a un bote), sino "los que de cada pueblo venían a él".

4. En la parábola (Lc 8:5-8) hay varias adaptaciones interesantes: (a) la adición de "su semilla" (v. 5); (b) la adición de "fue hollada" (v.5); (c) el cambio de "no tenía raíces" a "no tenía humedad" en el v. 6, con la omisión de "no tenía profundidad de tierra" y el sol ardiente; (d) la omisión de "no dio fruto" (v.7); (e) en el v. 8 la omisión de "brotó y creció" y la limitación de la producción al ciento por uno. El resultado neto es una versión condensada de la parábola de Marcos, que omite muchos detalles.

5. En la sección sobre la razón de hablar en parábolas (Lc 8:9, 10 || Mr 4:10-12), Lucas omite la referencia a que estaban solos, cambia la pregunta de los discípulos para referirse a esta

parábola en particular, cambia "el misterio" del reino a "los misterios", cambia "los que están fuera" a "a los otros", y abrevió considerablemente la cita de Isaías.

6. En la interpretación de la parábola (Lc 8:11-15) el énfasis cambia del sembrador a la semilla, la cual es "la Palabra de Dios", y sus efectos en las personas. De ese modo, a los primeros el diablo les quita la palabra, para que "no crean y se salven". El segundo grupo "cree" (en vez de "aguantar") por algún tiempo y se aparta en el tiempo de la "prueba" (en vez de "la tribulación o la persecución por causa de la palabra"). El tercero oye, pero su fruto "no se madura", mientras que el cuarto grupo es el de los que oyen la palabra, "con corazón bueno y recto retienen la palabra oída, y dan fruto con perseverancia".

7. En nuestra sección de interés (Lc 8:16-18), Lucas (a) omite los dos casos de *kaí élegen autoís* (y les decía), enlazando así el v. 16 directamente con la interpretación de la parábola de la semilla sembrada; (b) usa la versión Q de la primera enseñanza, que trata del hecho de que quienes entran verán la luz; (c) en el v. 17 agrega "que no ha de ser conocido"; (d) omite Mr 4:24b completamente de suerte que el v. 25 en Marcos se une directamente, como una explicación, a "Mirad, pues, cómo oís".

8. Por último, Mr 3:31-35 se ha reordenado para que sirva de conclusión a esta sección (Lc 8:19-21), y considerablemente adaptado de modo que el énfasis está en el pronunciamiento final: "Mi madre y mis hermanos son los que *oyen la palabra de Dios, y la hacen.*"

Si usted ha seguido esta colección de observaciones en su sinopsis, los resultados deben haberse aclarado: toda la sección, que comienza con la predicación itinerante de Jesús "evangelizando" acerca del reino de Dios, trata de él como maestro de la Palabra de Dios y de cómo las personas escuchan la Palabra. Pudiera no ser muy claro la precisa manera como los vv. 16-18 encajan en ese esquema, pero sí se puede argüir en favor de que aquí el interés de Lucas está en el futuro ministerio de los discípulos, a quienes se les explicaron las parábolas, y que debían dar "fruto con perseverancia", al tomar lo que estaba "oculto" y darlo a conocer para que las personas pudieran ver "la luz".

Nótese de nuevo que la tarea de la exégesis en este punto es ante todo describir lo que el autor hizo, y entonces presentar una interpretación del propósito.

6.6.2. *La tradición doble* (Mateo-Lucas)
El interés descriptivo aquí es triple:
1. Ya que casi ninguno de estos textos está en la misma secuencia en los dos evangelios, comience usted con una descripción de la sección mayor en la cual cada evangelista ha colocado la enseñanza.
2. Determine mediante un análisis de las correspondencias lingüísticas si los dos autores tuvieron acceso a una fuente común (muy probable en Mt 7:1-5 || Lc 6:37-42) o si reflejan dos tradiciones diferentes del mismo fragmento (v.g., Mt 25:14-30 || Lc 19:11-27, parábola de los talentos/las minas).
3. Mediante un análisis de los hábitos lingüísticos y estilísticos de Mateo y Lucas, trate de determinar cuál evangelista tiene la expresión más primitiva de la enseñanza y cómo cada uno la ha adaptado a sus intereses.

Así mediante un cuidadoso análisis de la parábola de los edificadores prudente y necio, uno puede mostrar que mucho del lenguaje no común en la versión de Lucas es el característico de él en el NT. Además, las diferencias entre excavar profundo y poner los fundamentos en la roca (Lucas) y edificar sobre la roca (Mateo), y entre una inundación que vino (Lucas) y la lluvia que causó la inundación (Mateo), y entre edificar en la tierra sin fundamento (Lucas) y edificar sobre la "arena" (Mateo) reflejan las diferencias en la Palestina nativa de Jesús, con sus colinas de caliza y los valles gredosos, y la experiencia más común de Lucas (o de sus lectores) de inundaciones causadas por ríos crecidos.

En este caso, sin embargo, la parábola que parece haber estado en la conclusión de una colección anterior de enseñanzas (más como la versión de Lucas), funciona semejantemente para ambos evangelistas. Para una perspectiva muy distinta, basada en organización y adaptación, aplique usted el mismo análisis a la parábola de la oveja perdida/descarriada (Mt 18:10-14 || Lc 15:3-7).

6.7. *Vuelva a considerar la ubicación del fragmento en su presente contexto literario en el evangelio.*
Este paso final no es más que la repetición de una parte del proceso descriptivo bosquejado arriba. Necesita repetirse como una advertencia final, porque hay siempre el gran riesde go que uno puede analizar una enseñanza o fragmento con muchos detalles y perder su función en el contexto literario global del autor. Los evangelistas, después de todo, no esperaban que leyéramos sus evangelios en forma paralela, sino como documentos cada uno con su propia integridad literaria. Así, pues, aunque para

fines de interpretación usted debe aprender a cubrir los pasos bosquejados en esta sección, debe recordar también que los evangelios vienen en orden canónico y, por último, se deben entender como unidades completas.

III

Guía breve de exégesis para sermones

Afortunadamente, la exégesis para la preparación de un sermón no incluye la redacción de uno o dos ensayos exegéticos por semana. Desafortunadamente, la mayoría de los pastores con estudios teológicos, que aprendieron a escribir ensayos exegéticos para un curso, no fueron entrenados de la misma manera para aplicar tales capacidades a la tarea más común de preparar un sermón. Este capítulo trata de llenar ese vacío, al proporcionar un formato manejable a seguir en la exégesis de un pasaje del Nuevo Testamento, para predicarlo con confianza.

La exégesis para un sermón no es diferente de la que se requiere para un ensayo, pero es distinta en el tiempo requerido y en su meta. Este capítulo, por tanto, es una versión mezclada de la guía completa usada para los ensayos exegéticos bosquejada en los capítulos I y II. (Si por alguna razón parte de esa enseñanza nunca se aprendió o se ha olvidado, podría tomarse tiempo para repasar esos dos capítulos).

Aunque el proceso de la exégesis no se puede definir de nuevo, la manera como se hace puede adaptarse considerablemente. En el caso de la preparación de un sermón, la exégesis no puede ser tan exhaustiva como la del ensayo. Afortunadamente, esto no significa que no pueda ser adecuada. La meta de esta guía breve es ayudar al pastor a extraer del pasaje lo esencial que atañe a la buena interpretación y exposición (explicación y aplicación). El producto final, el sermón, puede y debe basarse en la investigación reverente y erudita. El sermón, como acto de obediencia y adoración, no debe encubrir la mala preparación con un abrigo de fervor. Que el sermón sea emocionante pero también en todo fiel a la revelación de Dios.

El capítulo está dividido en dos partes: (1) una guía a través del proceso exegético y (2) algunas breves sugerencias acerca del paso del texto al sermón, es decir, la preparación del sermón. La guía es para el pastor que dispone de diez horas o más a la semana para la preparación de un sermón (aproximadamente cinco para la exégesis y el resto para el sermón). Cada sección de la parte exegética de la guía contiene una sugerencia del tiempo que se dedicaría a los asuntos considerados en esa sección. Aunque las cinco horas fueron asignadas arbitrariamente, serían el tiempo mínimo que un pastor debe dedicar al aspecto investigativo de la preparación de un sermón. Según el pasaje en particular, el tiempo disponible en una semana determinada, y la familiaridad con el texto y los recursos exegéticos, el tiempo de estudio varía. El punto aquí es que los sermones buenos y exegéticamente sólidos pueden producirse en diez horas, y esta guía puede ayudar a lograr ese fin.

A medida que uno se va familiarizando con los pasos y los métodos, puede llegar al punto de prescindir de la referencia a la guía. La meta es ayudar al pastor a comenzar, no que se deba usar la guía siempre.

A. LA TAREA EXEGETICA

La predicación bíblica del Nuevo Testamento es, por definición, causar un encuentro entre las personas del siglo presente y la Palabra de Dios, hablada por primera vez en el primer siglo. La tarea de la exégesis es descubrir esa Palabra y su significado en la iglesia del primer siglo; la tarea de la predicación es conocer bien tanto la exégesis del texto como las personas a quienes se ha de predicar la Palabra de nuevo, como Palabra viva.

La cuestión es dónde empezar. El lugar obvio para comenzar es la elección del texto, pero ¿qué lleva a esa elección? (1) Mientras usted estudia el texto bíblico, reconoce la necesidad de aplicar un pasaje determinado a la congregación; o (2) Usted reconoce cierta necesidad de la gente y se dirige a la Biblia en busca de un mensaje que enfrente esa necesidad. El bosquejo que sigue supone el enfoque anterior, es decir, que el texto bíblico determina la dirección del sermón.

El gran riesgo de predicar a través de un libro de la Biblia, o de permitir que el texto determine el sermón, es que el sermón puede convertirse en un ejercicio de exégesis. Tal "sermón" es una exposición sin objeto, información sin enfoque. Eso puede estar muy bien en una clase de escuela dominical, donde uno va a través de un pasaje, exponiendo y aplicando según convenga, pero no es predicación. La predicación debe basarse en exégesis sólida, pero no es un despliegue de exégesis. Más bien, es exégesis aplicada, y debe tener un objetivo si ha de funcionar apropiadamente.

A través de la tarea exegética, por tanto, se deben buscar dos fines: (1) Aprender lo más posible acerca del texto, su propósito principal y cómo todos los detalles se combinan para lograr ese propósito (reconociendo que no todo lo que uno aprende debe incluirse en el sermón; (2) pensar en la aplicación del texto, lo cual especialmente en este caso incluye el uso discerniente de todo lo que se ha aprendido en el proceso exegético. Usted debe vencer el impulso de incluir en el sermón todo lo que ha aprendido en la exégesis.

Los pasos siguientes se ilustrarán regularmente con dos textos, uno de las epístolas (1 P 2:18-25) y uno de los evangelios (Mr 9:49-50). El primero se escogió por sus problemas hermenéuticos (¿cómo se nos aplican hoy las palabras dirigidas a los esclavos del primer siglo?); el segundo porque son enseñanzas difíciles de Jesús. Se espera que uno no siempre descuide o deje de predicar sobre textos como estos.

1. PARA COMENZAR *(Dedique aproximadamente una hora y veinte minutos)*

Es importante que al comienzo tenga una buena percepción preliminar del contexto y contenido del pasaje. Para hacer esto bien será necesario hacer lo siguiente:

1.1. *Lea el contexto mayor.*

No debe estar tan preocupado por encontrar el significado del texto que no dedique tiempo a ver como encaja en el libro bíblico acerca del cual predica. Recuérdese siempre que el texto es sólo una pequeña parte de un todo, y el autor bíblico nunca tuvo la intención de que el texto se considerara de manera independiente del resto de lo que dijo.

Por lo tanto, debe acostumbrarse a leer el pasaje en su contexto mayor. Y entonces léalo de nuevo, tal vez en una traducción diferente la segunda vez. Si estudia una de las epístolas más cortas, lea la epístola completa, pensando cuidadosamente acerca del argumento del autor y cómo el pasaje encaja en él. Si es una epístola más larga, lea varias veces la sección en la que se encuentra (e.g., 1 P 1:1 a 3:12 ó 22). Si está en los evangelios, escoja una sección mayor como contexto (v.g., Mr 8:27 a 10:16; permita que los comentarios lo orienten aquí si es necesario), y lea mucho, de modo que con facilidad repase en la mente lo que está antes y después del texto.

Si se prepara para predicar a través de un libro de la Biblia, es necesario entonces dedicar un tiempo adicional al comienzo y trabajar en el paso 1 del capítulo I (I.1). El conocimiento del libro completo debe preceder al trabajo en cualquiera de sus partes.

1.2. *Lea el pasaje varias veces.*

Ahora haga lo mismo con el pasaje. Sólo que esta vez se lee repetidamente en busca de su contenido básico. Lea el pasaje en voz alta. Considérelo como una unidad que le comunica la Palabra de Dios a usted y su congregación. Conozca el pasaje y retenga lo esencial mientras sigue los cinco pasos siguientes. Tal vez pueda leerlo en diferentes traducciones que la congregación conozca y use, y haga una lista de las diferencias importantes.

También existe la posibilidad de hacer un ajuste en los límites del pasaje, ya que las divisiones de los capítulos y versículos como aparecen ahora son menos importantes que la composición del original y no siempre son confiables. Compruebe comenzando unos pocos versículos antes del principio del pasaje, y siga algunos versículos después del fin. Deben ajustarse los límites si es necesario (acorte o expanda el pasaje para que coincida con los límites más naturales si su conocimiento del pasaje lo requiere así). Resultará claro mediante este examen, por ejemplo, que 1 P 2:18-25 es la unidad con la que se debe trabajar. En el caso de Mr 9:49, 50 también resultará claro que esto es una unidad en sí, unida por la palabra "sal", pero el *gar* (por) en v. 49 también lo vincula con lo que precede, así que en este caso uno haría bien en incluir los vv. 42-48 en el trabajo exegético, aun si se limitara el sermón a los vv. 49, 50. Una vez satisfecho de que el pasaje está bien delimitado, y conoce el contenido y el modo en que las palabras y los pensamientos fluyen, proceda al paso 1.3.

1.3. *Haga su propia traducción.*

Intente esto, aunque su conocimiento del idioma griego esté latente o débil. Para esta tarea debe emplearse una de las ayudas señaladas en IV.4. Puede comprobar su trabajo al referirse, cuando sea necesario, a una o dos de las mejores versiones modernas.

La traducción propia tiene varios beneficios. Uno es que le ayuda a observar cosas del pasaje que no se notarían en la lectura, incluso en el original. Mucho de lo que se comienza a notar dará pistas para los pasos 2.1 a 2.6. Por ejemplo, se debiera percatar de preguntas textuales que afecten el significado del texto, el vocabulario especial del pasaje, sus características gramaticales, y los aspectos histórico-culturales, ya que estos asuntos vienen naturalmente a la atención al traducir las palabras del pasaje. Además, usted es el experto en su congregación y conoce el vocabulario y el nivel educativo de los miembros, el grado de su conocimiento bíblico y teológico, etc. En realidad, usted es la única persona capaz de producir una traducción significativa de la que se pueda servir en todo o en parte durante el sermón, para asegurar que la congregación entiende la verdadera fuerza de la Palabra de Dios como la presenta el pasaje.

1.4. *Compile una lista de opciones.* Al hacer su traducción, necesita mantener una lista de opciones de traducción de carácter textual, gramatical, lingüístico o estilístico. No tiene que ser una lista larga; deben incluirse sólo cosas importantes. Esta lista puede servir como un punto de referencia para los asuntos del paso 2. Por ejemplo, la lista para Mr 9:42-50 deberá incluir los asuntos textuales en los vv. 42, 44, 46 y 49; las palabras *skandalízo* (ofendo, peco, tropiezo, destruyo), *géenna* (infierno), *hálas* (sal), *zoé = basileía toú theoú* (vida = reino de Dios) en vv. 43, 45, 47; y la cuestión gramatical relacionada con *gár* en el versículo 49.

La cantidad de esas opciones que deben mencionarse en el sermón será un asunto de juicio personal. En cualquier caso, es mejor excederse en la restricción, no sea que el sermón se vuelva confuso. En 2.1 se dan sugerencias sobre aspectos textuales. Se trata de la importancia de la comprensión del pasaje. Algunas veces uno puede sencillamente escoger su opción como aparece en una de las traducciones y decir: "Como traduce la Reina Valera, revisada . . ." o "En mi punto de vista la NVI tiene la mejor traducción aquí . . ." Si el asunto es más determinante, relacionado con el significado del texto, o lo que se quiere enfatizar, entonces será apropiado dar un breve resumen de la razón para creer que la evidencia lleva a su elección (o por qué uno piensa que la evidencia no es decisiva).

1.5. *Analice la estructura.* Otra manera de observar el texto de modo preliminar también puede ser de inmenso valor. Es importante no sólo que uno esté al tanto de los detalles que necesitan investigarse, sino también que se tenga un buen conocimiento de las estructuras del pasaje y del flujo del argumento. El mejor modo de hacer esto es transcribir el texto griego a un esquema de flujo de oración como se describe en II.2.1. La gran ventaja de este ejercicio es que le ayuda a imaginar la estructura del párrafo, y también lo obliga a decidirse sobre asuntos sintácticos. En realidad, casi siempre esto ayudará a darse cuenta de asuntos que se pasaron por alto aun en la traducción.

Por ejemplo, un diagrama de flujo de oración de 1 P 2:18-25 le ayudará a ver no sólo que en los vv. 18-20 el punto principal de exhortación es que uno debe dejar el asunto en las manos de Dios cuando se sufre injustamente, sino también que el ejemplo de Cristo dado en los vv. 21-25, el cual refuerza la exhortación, tiene dos partes: (1) el hecho de que "Cristo padeció *por ustedes*" (v. 21) y al mismo tiempo (2) "dejándoles *ejemplo,* para que lo sigan"

(v. 21). Las cuatro cláusulas relativas que siguen (que de otro modo serían pasadas por alto) recogen estos dos temas: Las primeras dos (vv. 22, 23) hablan de su *ejemplo;* las otras dos (vv. 24a-b, 24c) explican sus sufrimientos por ellos, según Isaías 53. Todo eso pudiera verse al traducir, pero el diagrama de flujo de oración, sobre todo cuando se emplea el código de colores, hace todo esto claramente visible.

1.6. *Comience una lista útil para el sermón.*

De la misma manera que usted compiló la lista de opciones mencionadas en 1.4 (y tal vez incluyendo dicha lista), mantenga a la mano una hoja de papel para anotar las observaciones del trabajo exegético en el pasaje que merezcan mencionarse en el sermón. Esta lista debe incluir los puntos descubiertos a través de los pasos 1-5 en este capítulo, y proveerán una referencia fácil conforme se elabora el sermón.

¿Qué incluir? Incluya cosas por las cuales se sentiría defraudado si no las conociera. No deben limitarse a observaciones que cambien la vida, pero tampoco deben ser insignificantes ni arcanas. Si algo realmente le ayuda a apreciar y entender el texto de manera que de otro modo no sería obvia, entonces póngalo en la lista mencionada.

Amplíe al principio. Incluya todo lo que merezca mencionarse porque la congregación podría sacar provecho al conocerlo. Después, cuando escriba o bosqueje el sermón, tal vez tenga que excluir algunas o la mayoría de las cosas de la lista mencionada, a causa de la presión del tiempo. Esto será así especialmente si el sermón no tiene un formato más rígidamente expositivo. Además, en perspectiva verá sin duda que ciertas cosas que se incluyeron al principio para mencionarse no son tan determinantes como se pensaba. O, a la inversa, puede hallarse que se tiene tanto de importancia para presentar a la congregación que será necesario preparar dos sermones sobre el pasaje para exponerlo bien.

Recuerde que la lista no es un bosquejo del sermón, como tampoco una pila de madera constituye una casa. La lista de cosas por mencionar es un registro tentativo de las observaciones obtenidas por exegésis que la congregación merece oír y puede en realidad beneficiarse de ellas.

2. ASUNTOS DE CONTENIDO (*Dedique aproximadamente una hora*)

Los pasos en esta sección están relacionados con las varias clases de detalles que integran el contenido del pasaje, el "qué" del texto. Las cuestiones a tratar son cuatro en cualquier pasaje del NT, a saber, textuales, gramaticales, lingüísticas e histórico-culturales.

2.1. Busque asuntos textuales de importancia.

Refiérase al aparato textual en el NA[26]. Busque variaciones textuales que afectarían el significado del texto para la congregación en la traducción en castellano. Estas son las variantes textuales importantes. No tiene caso concentrarse en las variaciones menores que no hacen mucha diferencia en las traducciones al castellano. Aquí será de especial ayuda haber leído el pasaje en varias traducciones al castellano, como se sugirió en el paso 1.2. Cuando la variación textual sea responsable de las diferencias, inclúyala en la lista de opciones (1.4). Será necesario evaluar las variaciones principales para determinar cuál es más probable que sea la original y por qué (véase II.1), en especial cuando hay diferencias entre las traducciones que la congregación usa.

La cuestión de cuántas cosas pueden incluirse en el sermón es complicada, porque éste es un aspecto que puede algunas veces perturbar a los creyentes (tiene que ver con la *confiabilidad* de las Escrituras para muchos). La regla es: casi nunca explique a la congregación cómo arribó a una decisión en particular. Debe incluirse el razonamiento sólo en las situaciones siguientes: (1) Cuando son decisiones textuales mayores que se reflejan en las traducciones que usa la gente (v.g., la RVR ['60], la NVI y la Biblia de las Américas en 1 Co 11:29). (2) Cuando su selección difiera de la Biblia que usa la congregación (no critique la versión que use otra congregación cristiana). (3) Cuando una nota textual ayude a que las personas vean cómo se entendía, o no, el texto en la iglesia primitiva. Por ejemplo, uno puede mostrar que en Marcos 9:49 el texto Occidental aliviaba lo que de otro modo es una enseñanza difícil, pero al mismo tiempo, al conformarlo a Lv 2:13, ha dado considerable luz al posible trasfondo de la enseñanza original. Eso puede formar parte de la explicación del texto mientras se expone su significado a la congregación.

Por otra parte, el intercambio entre *humón* (vuestro) y *hemón* (nuestro) en 1 P 2:21 puede mencionarse, o no, dependiendo de si uno desea subrayar el punto de que Cristo sufrió por esos siervos/esclavos cristianos. En ese caso uno podría decir: "Con el propósito de reforzar su mensaje que estos esclavos debían seguir el ejemplo de Cristo, Pedro les recordó también del efecto del sufrimiento de Cristo, es decir, que fue *por ellos*. En algunas traducciones se hallará el v. 21 traducido 'Cristo padeció *por nosotros*', y aunque es cierto y aparece en el v. 24, eso no es lo que Pedro propone en el v. 21. Aquí la evidencia más antigua y confiable, que ha sido incorporada a la mayoría de las traducciones más nuevas, es preferible por tener el texto original..."

2.2. *Anote cualquier asunto gramatical que sea raro, ambiguo o de alguna importancia.*

Su principal interés es aislar las características gramaticales que puedan tener algún efecto en la interpretación del pasaje. Aquí en particular aprenderá más de lo que tendrá ocasión de presentar. Por ejemplo, al analizar la expresión ambigua *diá suneídesin theoú* (por su sentido de responsabilidad delante de Dios [NVI]; por causa de la conciencia ante Dios [BA]) en 1 P 2:19, será necesario que decida acerca de la fuerza del genitivo, pero no necesita dar la información gramatical a la congregación.

A veces, por supuesto, una explicación gramatical puede ser especialmente útil. El *gár* (porque) en 1 P 2:25, por ejemplo, se puede mencionar como explicativo de que "sanados" del v. 24 debe de ser una metáfora para la salvación en este caso, no una referencia al saneamiento físico. Así mismo, la diferencia entre un genitivo objetivo y uno subjetivo debe explicarse a veces para que la fuerza de su exégesis se pueda ver con más claridad (véase II.3.3.1). La forma de tratar *gár* en Mr 9:49 puede variar. Probablemente sería apropiado hacer notar (tal vez en la introducción del sermón) que mediante el empleo de esa palabra Marcos se proponía enlazar estas enseñanzas con lo que precedía pero esa conexión no está del todo claro; más adelante en el sermón, después de haber dado su interpretación del texto, usted puede comentar de nuevo sobre cómo estas enseñanzas se pueden ver ahora relacionadas con las precedentes.

2.3. *Haga una lista de términos claves.*

En este punto puede repasar la lista en 1.4, y buscar términos claves que puedan necesitar explicación en algún punto en el sermón. Por ejemplo, la lista preliminar de 1 P 2:18-25 debiera incluir lo siguiente (de la RVR): criados, sufrir, aprobación, llamados, ejemplo, madero, herida, sanados, Pastor, Obispo. Debe comprender a satisfacción los matices de significado especiales de todas esas palabras del pasaje, pero no debe sentirse obligado a explicar todo en el sermón. Probablemente sería de alguna importancia por ejemplo, indicar que aunque *oikétes* significa sirviente doméstico, tales sirvientes eran casi siempre esclavos; y sería de algún interés decir que los *mólops* que Cristo sufrió por las salvación de estos esclavos se refería a los verdugones causados por los latigazos, lo cual muchos de ellos sin duda habían experimentado (cf. v. 20).

2.4. *Haga un estudio breve de palabras decisivas.*

Algunas veces una o más de las palabras son tan importantes para el sermón que uno querrá investigarlas más allá de los confines del pasaje, para una mejor comprensión de lo que significan en el pasaje. "Sal" en Mr 9:49, 50 es un ejemplo obvio; pero como su significado se relaciona con asuntos histórico-culturales, lo dejaremos hasta 2.5. En 1 P 2:19, 20, el uso de *járis* por Pedro es diferente del significado ordinario que le dan Pablo y la mayoría de los cristianos, pero ¿significa "aprobación" (RVR), o "gracia" (BA)?

Para el estudio de palabras siga el método descrito en II.4, pero use el tiempo sabiamente. En Bauer y la concordancia griega podrá fácilmente discernir sus posibles campos de significado. Deberá observar el uso en 1 Pedro especialmente y cómo difiere del de Pablo. Aquí hará un favor a los oyentes al compartir con ellos una forma condensada de parte de la información pertinente. El empleo de Pablo de *járis*, después de todo, no es el único bíblico, y los oyentes necesitan saberlo.

2.5. *Investigue asuntos histórico-culturales importantes.*

La mayoría de las personas de la congregación recibe ayuda cuando se explican asuntos histórico-culturales que en realidad son importantes para el significado del texto. Para lo que necesita investigarse y algunas sugerencias bibliográficas, véase II.5.

En los dos pasajes que se usan como ejemplo hay por lo menos dos asuntos en cada uno que merecen su atención. En Mr 9:49, 50 probablemente será útil hacer una breve investigación del término *géenna* (Gehena = infierno) y la fuerza de la metáfora de estas enseñanzas. El término "sal" es por supuesto crucial. Aquí la investigación del uso de la sal en el judaísmo antiguo probablemente será la clave para la interpretación de las tres enseñanzas. Parece que en ellas se hace una referencia metafórica a tres usos, es decir, la sal en los sacrificios, para sabor o conservación y como señal de un pacto.

En 1 P 2:18-25 dedique un breve tiempo para leer acerca de los esclavos en el mundo grecorromano. La congregación merece saber algo acerca de la esclavitud del primer siglo, y cuán radicales debieron ser esas palabras de exhortación. También es de vital importancia para la exégesis trazar con mucho cuidado el uso de Isaías 53 en los vv. 22-25. Respecto a esto se puede consultar uno de los mejores estudios sobre las técnicas judías de exposición bíblica empleadas por los autores cristianos del NT.

Como esta información puede ser tan fascinante, uno puede algunas veces ceder a la tentación de dedicarle una excesiva cantidad de tiempo en el sermón. No permita que tales asuntos lleguen a absorber demasiado tiempo en la predicación. Que estos y otros asuntos sean siervos útiles para la proclamación de la Palabra, pero no deje que la dominen.

3. CUESTIONES CONTEXTUALES (*Dedique aproximadamente una hora*)

El análisis de los asuntos de contenido es solamente la mitad de la tarea exegética. Ahora usted debe dar mayor atención a las cuestiones de contexto histórico y literario. El contexto histórico tiene que ver con el medio ambiente histórico general y con la ocasión del documento. El contexto literario tiene que ver con la forma como el pasaje encaja en su lugar en el argumento o narración.

Ya que la naturaleza de los evangelios requiere que uno considere estas cuestiones de manera diferente a la de otros géneros, esta sección, como en el capítulo I, se dividirá en dos partes, una para las epístolas (incluso Hechos y Apocalipsis) y otra para los evangelios.

3 (E). EPISTOLAS (HECHOS, APOCALIPSIS)

Para la exégesis de un pasaje de las epístolas es necesario familiarizarse con el estudio de I.9-11 (E). Para Hechos véase I.10-11 (H), y para Apocalipsis véase I.9-11 (A).

3.1 (E). *Examine el contexto histórico.*

La investigación tiene tres partes. En primer lugar, es necesario aprender algo acerca de la situación general de los destinatarios. Si el pasaje está en una de las epístolas paulinas, dedique algún tiempo para familiarizarse con la ciudad y sus habitantes. Para esto puede consultarse uno de los mejores diccionarios (véase II.5.2.1) o la introducción a uno de los mejores comentarios (véase IV.13.3); si usted dispone de tiempo, y tiene interés y recursos (una buena biblioteca cercana), puede investigar más algunos de esos asuntos.

En segundo lugar, necesita familiarizarse con el carácter y composición de la(s) iglesia(s) a la(s) cual(es) se escribió la epístola. ¿Son principalmente judíos cristianos, no judíos, o combinados? ¿Hay algún indicio sobre su situación socioeconómica? Consulte las introducciones de los comentarios, pero mantenga la atención en el texto bíblico. Por ejemplo, al leer 1 P 1 — 3 un par de veces (1.1), debe haber observado que los destinatarios son creyentes no judíos (1:18; 2:10; cf. 4:3) y que al menos algunos son esclavos y mujeres (2:18 a 3:7).

Por último, y lo más importante, usted mismo deberá reconstruir, con la ayuda de sus fuentes de consulta si es necesario, la situación histórica que ocasionó esta sección dentro de la epístola. Este es uno de los pasos cruciales en el proceso exegético, porque su carta, después de todo, es una respuesta a algo. Es una ayuda inmensa para la comprensión el descubrimiento cuidadoso de la situación tratada en la epístola. Usted puede lograrlo solo, si el tiempo lo permite, escuchando con cuidado la epístola al leerla. Si es necesario, consulte los mejores comentarios; pero debido a la especulación, compare dos o tres fuentes sobre este asunto. Así para 1 Pedro, aunque algunos detalles diferirán de un comentarista a otro, puede reconocerse fácilmente que la hostilidad de origen pagano es la causa básica de la carta, y nuestro pasaje es una parte de una exhortación sobre cómo debe responder el cristiano a la expresión de esa hostilidad.

Casi siempre es apropiado incluir este material en el sermón. Esto, más que todo lo demás, dará credibilidad a la interpretación, cuando el texto se considera como una respuesta a una situación dada.

3.2 (E). *Examine el contexto literario.*

Para su texto usted ha llegado a la pregunta exegética esencial: ¿Cuál es el sentido de este pasaje? ¿Cómo encaja en el esquema general de la carta? Y más importante, ¿cómo encaja exactamente en este punto del argumento o exhortación del autor? Para hacer esto bien es necesario tomar tiempo para escribir en la lista útil para el sermón (véase IV.1.6) las dos declaraciones breves sugeridas en I.11(E), es decir: (1) la lógica y el contenido del pasaje; (2) una explicación de cómo contribuye este contenido al argumento. Este es el lugar donde muchas interpretaciones fracasan. Acostúmbrese a obligarse a hacer siempre eso, aunque los comentarios no siempre lo hacen (éste también es el lugar donde muchos comentarios fallan). Nunca quede satisfecho de que ha hecho su exégesis hasta tener confianza de que puede contestar las preguntas *por qué*, y *qué*. Habrá ocasiones, por supuesto, cuando esto es menos claro (v.g., 2 Co 6:14 a 7:1), y uno puede tener cierta indecisión; pero aun en tales casos, siempre debe lucharse con esta pregunta. Para que el sermón tenga integridad como una proclamación del propósito de las Escrituras, debe enfocarse en este asunto, y todas sus partes deben servir a ese enfoque.

Por ejemplo, un sermón sobre 1 P 2:18-25 debe enfocarse en el sentido principal de la exhortación, o sea, dejar el problema a Dios ante la hostilidad y la crueldad, aunque la forma en que se dé ese sentido, y se presenten los argumentos de apoyo de Pedro, variará tanto como los predicadores que haya. Tal vez usted quiera predicar solamente de los vv. 21-25, sobre Cristo como ejemplo y Salvador, pero aun así es bueno ubicar el sermón en su contexto literario de los vv. 18-25.

3 (Ev). EVANGELIOS

Para la exégesis de un pasaje de los evangelios debe familiarizarse con el estudio de I.9-11 (Ev) y II.6.

3.1 (Ev). *Identifique la forma.*

No pase mucho tiempo aquí. Lo importante a notar es que en los evangelios existen géneros dentro del género. Las parábolas, por ejemplo, funcionan en cierta manera, como lo hacen los proverbios, o la hipérbole (Mr 9:43-48), o las narrativas. Sobre la literatura para identificar las formas, véase IV.9 (Ev). Esto no es algo de importancia en el sermón en sí, salvo quizá para recordar a la congregación, por ejemplo, que un dicho es proverbial y que los proverbios funcionan en cierta manera (v.g., Mr 9:50a).

3.2 (Ev). *Use una sinopsis.*

Para llegar al contexto histórico-literario de un pasaje de los evangelios es de gran beneficio aprender a estudiar el pasaje en una sinopsis en griego. Si uno no está familiarizado con el trabajo en una sinopsis, se hará un favor para toda la vida si se dedica tiempo para aprender cuidadosamente los procedimientos bosquejados en II.6, especialmente II.6.3. Lo que usted descubre es cómo el evangelista ha compuesto su evangelio alrededor del texto de estudio; y a menudo es útil ver cómo los otros evangelistas tratan la misma información, ya sea de modo dependiente o independiente.

Así, por ejemplo, no debiera sorprender que ni Mateo ni Lucas siguen totalmente a Marcos de 9:37 a 9:50 (existen varias dificultades inherentes aquí, como ya se habrá percatado al leerlo todo). Ni Mateo ni Lucas incluyen las tres enseñanzas sobre la sal. Por otra parte, se obtendría alguna ayuda en la interpretación de Marcos 9:50a si se reconoce que hay otra versión de la misma enseñanza (o una similar) en la tradición doble. Al menos parte de esta clase de información, sin que trate sobre el problema sinóptico y su solución, puede incluirse en el sermón, como información útil y para reforzar el punto acerca de la dificultad inherente en su comprensión.

3.3 (Ev). *Investigue los posibles ambientes cuando sea apropiado.*

Si esto es de alguna utilidad para el sermón, uno puede dedicar algún tiempo a pensar acerca del posible ambiente original del pasaje en el ministerio de Jesús (véase II.11 [Ev] y IV.11 [Ev]). Esto será especialmente cierto para muchas de las parábolas. En el pasaje presente, sin embargo, muy poco se gana aquí, ya que esto sería más bien especulativo y ya que la verdadera cuestión contextual aquí es la literaria. Siempre es apropiado considerar si el pasaje contribuye a la comprensión del medio ambiente del evangelista; o de otro modo, si ese medio ambiente (hipotético) agrega a su comprensión del pasaje. Si como cree la mayoría, el Evangelio de Marcos apareció en Roma durante un tiempo de sufrimiento para la iglesia, y el discipulado para él significa seguir a un Mesías que es siervo sufriente (cf. Mr 8:27-38, etc.), entonces al menos el primero de estos dichos de la sal encaja exactamente en este motivo (después de la segunda predicción de la pasión) como un llamado al discipulado probado por fuego.

3.4 (Ev). *Describa la organización o la adaptación presentes.* Este paso se desprende de 3.2 (Ev). El procedimiento puede hallarse en II.6.5-6. Especialmente aquí usted aprenderá más acerca del texto de lo que sea necesario incluir en el sermón. Usted busca las cosas que le den información sobre los énfasis del autor y su propósito al incluir el pasaje exactamente aquí. Así responde a las cuestiones de contexto literario.

Como fue relativamente fácil determinar el contexto literario de 1 P 2:18-25, también es difícil hacerlo con Mr 9:49, 50. Siempre es apropiado ser precavido en tales puntos. No obstante, si uno piensa que puede entender bien el texto en su contexto, entonces no dude en decirlo, con tal que sea claro para todos que usted tiene también algunas reservas. Busque la ayuda de los mejores comentarios.

4. LITERATURA SECUNDARIA *(Dedique aproximadamente cincuenta minutos)*

Usted ha llegado ahora a la conclusión del trabajo básico en el texto. Con la ayuda de varias ayudas exegéticas debe sentir que tiene una buena comprensión del texto, tanto en sus particularidades como en su lugar en el libro bíblico. En este punto debiera tomar tiempo para consultar literatura secundaria.

4.1. *Consulte comentarios.*

No evite los comentarios; sólo debe asegurarse de que no sea lo primero que lea. Si lo hace, predicará del trabajo que otro hizo en el texto, por bueno que sea, y nunca tendrá la confianza de que el texto es suyo porque lo domina. Pero ahora es el tiempo para mirar algunos comentarios. Debe conseguir para su biblioteca al menos dos de los mejores comentarios de cada libro del NT. Hay tres razones para leer los comentarios en este punto: (1) Buscar las opciones de los comentaristas para algunas dificultades que usted haya tenido en varios puntos de la exégesis. A veces, por supuesto, se consultan los comentarios cuando se encuentre la dificultad mientras se hace la exégesis del texto. (2) Para escuchar al menos otras dos interpretaciones del texto, con las cuales se puede comparar la propia y adaptar si las otras resultan más convincentes. (3) Informarse de los asuntos u opciones que uno pasó por alto en la exégesis que puedan ser decisivos para el sermón. Así, por ejemplo, la lectura de los comentarios sobre 1 P 2:18-25 debe no sólo aumentar la confianza en su trabajo sino también ayudarle en su comprensión del texto.

4.2. *Lea otra literatura.*

Este es el paso que está condicionado por el tiempo, los recursos y la geografía. Hay veces, como cuando se estudia Mr 9:49, 50 que a uno le gustaría dedicar algún tiempo a leer lo que otros han escrito acerca de esos dichos. Si se presenta la oportunidad, necesita consultar las ayudas bibliográficas enumeradas en IV. 13.1-2.

5. CONTEXTO BIBLICO-TEOLOGICO *(Dedique aproximadamente treinta minutos)*

Antes de pasar a la aplicación, piense en la relación de este pasaje con otras Escrituras y la teología cristiana.

5.1. *Analice la relación del pasaje con el resto de las Escrituras.*

¿Qué tiene este pasaje de peculiar o de semejante con otros? ¿Es parecido a otros, o es totalmente único? ¿Cuáles vacíos llena? ¿Hay algo esencial sobre esto en otro lugar? ¿Cómo ayudan otras Escrituras a hacerlo comprensible? ¿Dónde encaja en la estructura total de la revelación bíblica? ¿Qué valor tiene para el estudiante de la Biblia? ¿Cuál es su importancia para la congregación?

Así, por ejemplo, para 1 P 2:18-25 analice brevemente los pasajes similares de Pablo (Ef 6:5-9; Col 3:22 a 4:1; 1 Ti 6:1, 2; Tit 2:9, 10). Es interesante anotar que los pasajes de Efesios y Colosenses suponen amos cristianos, mientras que los demás (incluso 1 Pedro) suponen esclavos cristianos y amos paganos.

5.2. *Analice la relación del pasaje con la teología.*

¿A cuáles doctrinas teológicas agrega luz el pasaje? ¿Cuáles son sus asuntos teológicos? ¿Puede el pasaje suscitar algunas cuestiones o dificultades acerca de algunos asuntos u opiniones teológicos que necesitan explicación? ¿De qué magnitud son los asuntos teológicos que toca el pasaje? ¿Dónde parece encajar el pasaje dentro del sistema completo de verdad contenido en la teología cristiana? ¿Cómo se armoniza el pasaje con la teología en su totalidad? ¿Son los asuntos teológicos del pasaje más o menos explícitos (o implícitos)? ¿Cómo se puede usar el pasaje para dar a la congregación más armonía o conciencia teológica?

6. APLICACION *(Dedique aproximadamente cuarenta minutos)*

Usted debe haber estado pensando al hacer el análisis cómo su pasaje puede aplicarse a su vida y a la de la congregación, pero ahora debe enfocarse directamente sobre la aplicación.

6.1 *Haga una lista de los asuntos de la vida en el pasaje.*

Haga una lista de los posibles asuntos de la vida mencionados de modo explícito, por referencia implícita, o de inferencia lógica del pasaje. Puede haber sólo uno o varios. Sea inclusivo al principio. Más adelante se pueden eliminar los que, después de reflexionar, se consideren de menos importancia o que no vienen al caso.

6.2. *Aclare el carácter y el campo de aplicación.*

Organice la lista tentativa (mental o escrita) según el pasaje o sus partes sean de carácter informativo o directivo, y si tratan del campo de la fe o la acción. Aunque esas distinciones son artificiales y arbitrarias en cierto grado, son a menudo útiles. Pueden conducir a aplicaciones más precisas y específicas de la enseñanza de las Escrituras para la congregación, y le ayudarán a evitar las aplicaciones generales y vagas que muchas veces no son aplicaciones en absoluto.

6.3. *Identifique el público y las categorías de aplicación.*

¿Son los asuntos de la vida del pasaje instrucciones principalmente para personas o para entidades corporativas, o no hay distinción? Si se refiere a las personas, ¿a cuáles? ¿a creyentes o no creyentes; clérigos o laicos; padres o hijos; fuertes o débiles; presuntuosos o humildes? Si se refiere a instituciones, ¿a cuáles? ¿a la iglesia, nación, clérigos, laicos, una profesión, una estructura social?

¿Están estos asuntos de la vida relacionados o confinados a ciertas categorías como relaciones interpersonales, piedad, finanzas, espiritualidad, conducta social, vida familiar?

B. PASO DE LA EXEGESIS AL SERMON

Lo que usted ha hecho hasta este punto no es el sermón en sí. Ha estado descubriendo el significado del texto en términos de su propósito original. En cierto sentido esa tarea es más fácil que ésta, la preparación del sermón. Aquí el mejor aliado es una buena cabeza, ¡con una imaginación vivaz! En cualquier caso nada puede sustituir el pensar. ¿Cómo convergen la comprensión exegética y los asuntos de aplicación en un solo sermón, con un enfoque claro y un propósito preciso? No puede haber reglas aquí, porque un buen sermón es algo individual. Debe ser su sermón, basado en su exégesis, dirigido a su congregación. Lo que sigue son simplemente advertencias y sugerencias.

7. DEDIQUE TIEMPO A LA REFLEXION SOBRE EL TEXTO Y A LA ORACION A DIOS.

La predicación no es un asunto sólo de la mente y del estudio; es también una asunto del corazón y la oración. Una vez que la mente está saturada del texto, su significado y sus posibles aplicaciones, dedique tiempo a reflexionar en él en oración. ¿Cómo afecta el texto su vida? ¿A cuáles necesidades personales habla o satisface este pasaje? Tome tiempo para responder personalmente a la Palabra de Dios. Es muy difícil comunicar con urgencia a otros lo que no le ha hablado a uno primero.

Luego pase tiempo en reflexión sobre el texto otra vez, teniendo presente las varias necesidades de las personas de la congregación. ¿Cómo podrá usted, con la ayuda del Espíritu Santo en este sermón, ayudar, alentar, o exhortar con este pasaje? En realidad, cuanto más tiempo les dedique en oración sobre este pasaje, tanto más probable es que preparará un sermón que les hablará a ellos.

Recuerde que a la preparación de un sermón sin el encuentro personal con la Palabra y sin oración probablemente le faltará inspiración; y los sermones predicados por quienes no se han presentado en reverente silencio ante la majestad de Dios y su Palabra probablemente lograrán muy poco.

8. COMIENCE CON DETERMINACION.

Valiéndose de la lista útil para el sermón y las otras notas que hizo al realizar la exégesis, principie con tres cosas (que estarán sujetas a cambio, por supuesto, conforme el sermón se desarrolla):

8.1. *Puntos principales*

El *punto o puntos principales* del texto bíblico que es necesario proclamar. El sermón necesita enfoque o usted no sabrá lo que trata de lograr, y será difícil entenderle. Decida lo que la congregación necesita saber, o escuchar, del pasaje, a diferencia de lo que usted necesitaba saber para preparar el sermón. Los dos mejores criterios aquí son el propio pasaje y su reacción. Lo que el pasaje trata como importante probablemente es lo que el sermón debe tratar como importante; lo que usted piensa que es de más ayuda e importancia para usted es probablemente lo que la congregación hallará de más ayuda e importancia para ellos.

8.2. Propósito

El *propósito* del presente sermón. Decida cómo los puntos anteriores se aplicarán mejor. ¿Es el sermón informativo sobre la fe cristiana, o es exhortativo y trata de la conducta cristiana?

8.3. Reacción

La *reacción* que usted espera que logre el sermón. Este es el otro aspecto de 8.2. ¿Espera cambiar un modo de pensar, de conducta, o ambos? ¿Quiere alentar, motivar, llamar al arrepentimiento o llevar a las personas a un encuentro con el Dios viviente? Si la tarea del predicador es "consolar al afligido y afligir al que se siente cómodo tal como se encuentra", ¿en cuál de estas direcciones lo lleva el texto? ¿En un poco de ambas?

Los últimos dos asuntos tienen que ver con el objetivo del sermón. Un sermón que no tiene objetivo rara vez lo logra. La decisión del enfoque y el objetivo del sermón ayudarán mucho a la elaboración del bosquejo y el análisis del contenido.

9. DECIDA SOBRE LA INTRODUCCION Y LA CONCLUSION.

El contenido del sermón lo determinará en gran medida la manera como usted piense comenzar y terminar. El final será dirigido por el objetivo (8.3). Por lo general, los buenos sermones comienzan en uno de tres lugares: (1) con el texto bíblico (pero debe ser especialmente cuidadoso aquí no sea que los mate de aburrimiento antes de llegar a la aplicación); (2) con las necesidades de las personas; o (3) de algún modo imaginativo que capte su atención pero que finalmente establezca la relación entre las personas y el texto.

10. HAGA UN BOSQUEJO.

Ya debe haber surgido un bosquejo de todo el sermón. Tampoco hay reglas aquí; pero se necesita precaución en varias áreas. En primer lugar, no es necesario seguir el bosquejo del texto bíblico. Eso estaría bien para una enseñanza, pero un sermón es algo diferente. Que el bosquejo toque varios puntos del texto, pero la lógica de la presentación sea la suya, de manera que se avance hacia las conclusiones que se haya propuesto en el paso 9.

En segundo lugar, no debe sentirse obligado a incluir en el sermón todo lo que hay en el texto. Sea selectivo. Procure que todo

lo que se seleccione sirva al propósito del sermón.
En tercer lugar, decida al principio dónde encajará la exégesis en el sermón. Puede servir de introducción, de la cual el resto del sermón será aplicación, recogiendo los varios puntos de la exégesis; puede venir más tarde, conforme uno pasa del siglo actual al primero, y de regreso. O puede referirse a ella punto por punto al avanzar en el sermón. Pero recuerde que el sermón no es simplemente una repetición de la exégesis. Para ser bíblico, debe dejar que sus palabras sean revestidas de la autoridad de la Palabra como se encontraba en su medio ambiente del primer siglo; pero para ser pertinente, debe cobrar vida esa Palabra en el ambiente del siglo presente.

11. DESARROLLE EL SERMON.

Este es un asunto sumamente personal. Sea sensato sobre la cantidad de información que incluya de la lista útil para el sermón. Recuerde que una historia bien contada (que sea pertinente al texto) se recordará más que su prosa más elegante. No avance demasiado en el sermón sin el descanso que da una buena y útil ilustración, tanto para ilustrar su mensaje como para dar descanso a la mente de los que siguen su lógica. Para más ayuda en este aspecto, consulte usted otros libros sobre la homilética.

IV

Ayudas y recursos para los pasos en la exégesis

l propósito de este capítulo es llamar la atención a los varios recursos para la exégesis del NT. Estas están organizadas y seleccionadas para coordinar con el bosquejo provisto por el capítulo I. Además de las sugerencias específicas dadas aquí, los estudiantes deben conseguir, si es posible, las siguientes ayudas bibliográficas:

David M. Scholer, *A Basic Bibliographic Guide for New Testament Exegesis* [Guía bibliográfica básica para la exégesis del NT]; 3a ed. (Wm. B. Eerdmans Publishing Co., 1984). Abreviada como DMS.

Joseph A. Fitzmyer, *An Introductory Bibliography for the Study of Scripture* [Introducción bibliográfica para el estudio de las Escrituras] Subsidia Bíblica, 3 (Roma: Biblical Institute Press, 1981). Abreviado como JAF.

La guía de Scholer se limita básicamente a títulos en inglés, pero está preparada específicamente para la exégesis del NT; Fitzmyer cubre toda la Biblia, tiene notas más completas, e incluye títulos en las lenguas importantes de la erudición. Los puntos siguientes se enfocarán principalmente en los títulos en inglés. (Nota del traductor: Cuando se tenga a mano el libro en español, se señalará).

Paso 1. CONTEXTO HISTORICO EN GENERAL

Para responder a las preguntas en este paso, uno necesita dos clases de libros. En primer lugar, una de las mejores introducciones, que trate de la variedad de asuntos críticos. Una buena visión de estas cosas puede obtenerse de los siguientes tres:

Donald Guthrie, *New Testament Introduction* [Introducción al

Nuevo Testamento] 3a ed. (Inter-Varsity Press, 1970).

Werner G. Kümmel, *Introduction to the New Testament* [Introducción al Nuevo Testamento]; 14a ed. de Feine-Behm (Abingdon Press, 1966).

Alfred Wikenhauser, *New Testament Introduction* [Introducción al Nuevo Testamento] (Herder & Herder, 1958).

En segundo lugar, se necesita un estudio orientado al contenido. Aquí las opciones son varias. La norma de mucho tiempo, que representa el consenso de la erudición del NT, es:

Howard C. Kee, F. W. Young, K. Froelich, *Understanding the New Testament* [Comprensión del Nuevo Testamento]; 3a ed. (Prentice-Hall, 1973).

De gran ayuda, especialmente con el mensaje total de cada libro del NT, y más conservador en su orientación, es:

Glenn W. Barker, W.L. Lane, J.R. Michaels, *The New Testament Speaks* [Habla el Nuevo Testamento] (Harper & Row, 1969).

Paso 2. LIMITES DEL PASAJE

Ya que no se necesita bibliografía para establecer los límites del pasaje, pasamos directamente a:

Paso 3. CRITICA TEXTUAL

Además del estudio completo de II.1., véase DMS, capítulo 3; JAF, capítulos IV-VI; y lo siguiente:

Gordon D. Fee, "The Textual Criticism of the New Testament" [La crítica textual del Nuevo Testamento] en *Biblical Criticism: Historical Literary, and Textual,* [Crítica bíblica: histórica, literaria y textual], por R. K. Harrison et al. (Zondervan Publishing House, 1978), pp. 127-155.

J. Harold Greenlee, *Introduction to New Testament Textual Criticism* [Introducción a la crítica textual del Nuevo Testamento] (Wm. B. Eerdmans Publishing Co., 1964), pp. 107-113.

Frederic G. Kenyon, *The Text of the Greek Bible* [El texto de la Biblia en griego] 3a ed., rev. por A. W. Adams (Londres: Gerald Duckworth & Co., 1975), pp. 63-111.

Bruce M. Metzger, *The Text of the New Testament: Its Transmission, Corruption, and Restoration* [El texto del Nuevo Testamento: su trasmisión, corrupción y restauración]; 2a ed. (Oxford University Press, 1968).

_____, *A Textual Commentary on the Greek New Testament* [Comentario textual sobre el griego del Nuevo Testamento] (United Bible Societies, 1971), pp. xiii-xxxi.

Paso 4. TRADUCCION PROVISIONAL

La clave para usar el texto griego para la exégesis es mantenerse leyéndolo regularmente. Existen tres libros útiles; mantener cualquiera de ellos a la mano con el Nuevo Testamento griego ayudará a leer el Nuevo Testamento griego, así como guiar al hacer una traducción provisional:

Sakae Kubo, *A Reader's Greek-English Lexicon of the New Testament* [Léxico griego-inglés para lectores del Nuevo Testamento] (Andrews University Press, 1971).

Fritz Rienecker, *A Linguistic Key to the Greek New Testament:* [Clave lingüística para el Nuevo Testamento griego]: Vol. I, *Matthew-Acts* [Mateo-Hechos]; Vol. II, Romans-Revelation [Romanos-Apocalipsis] (Zondervan Publishing House, 1976, 1980).

Max Zerwick y Mary Grosvenor, *A Grammatical Analysis of the Greek New Testament* [Análisis gramatical del Nuevo Testamento griego]: Vol. I, *Gospels-Acts* [Evangelios-Hechos]; Vol. II,*Epistles-Apocalypse*; [Epístolas-Apocalipsis] (Roma: Biblical Institute Press, 1974, 1979].

El libro de Kubo da el significado básico de las palabras según aparecen en el texto del NT. Está basado en la frecuencia de las palabras: Palabras que ocurren más de 50 veces en el NT se supone que son conocidas (pero son enumeradas en el Apéndice I). Palabras que ocurren de 6 a 50 veces se enumeran al principio de cada libro bíblico y forman el "vocabulario especial" del autor. Entonces se enumeran por capítulo y versículo todas las palabras que ocurren cinco veces o menos en cualquier libro del NT Una de las características útiles de Kubo es que se da la frecuencia de las palabras (las veces que ocurren en cada libro y en todo el NT).

Tanto Rienecker como Zerwick-Grosvenor deben resultar más útiles, sin embargo, para el trabajo de lectura rápida y traducción provisional. Rienecker tiende a dar más ayuda lexicográfica, mientras que Zerwick-Grosvenor, que está armonizado con la gramática griega de Zerwick (véase II.3.2.3), incluye más análisis gramatical.

Paso 5. DIAGRAMA DE FLUJO O DIAGRAMA GRAMATICAL DE ORACION

Véase II.2.1 y 2 para unos pocos recursos bibliográficos sugeridos para usar al hacer el flujo o diagrama de oración.

Paso 6. GRAMATICA

John Beekman y John Callow, *Translating the Word of God* [Traducción de la Palabra de Dios] (Zondervan Publishing House, 1974), pp. 249-266.

Friedrich Blass y Albert Debrunner, *A Greek Grammar of the New Testament and Other Early Christian Literature* [Gramática griega del Nuevo Testamento y de otra literatura cristiana primitiva]; tr. y rev. por R~bert W. Funk (University of Chicago Press, 1961).

James A. Brooks and Carlton L. Winbery, *Syntax of New Testament Greek* [Sintaxis del griego del Nuevo Testamento] (University Press of America, 1979).

Ernest D. Burton, *Syntax of the Moods and Tenses in New Testament Greek* [Sintaxis de los modos y tiempos en el griego del Nuevo Testamento]; 3a ed. (Edinburgh: T. & T. Clark, 1898).

William D. Chamberlain, *An Exegetical Grammar of the Greek New Testament* [Gramática exegética del Nuevo Testamento griego] (Macmillan Co., 1961).

H. E. Dana y J. R. Mantey, *A Manual Grammar of the New Testament* (Macmillan Co., 1927) [Manual de gramática del Nuevo Testamento; Casa Bautista de Publicaciones, 1977].

Robert W. Funk, *A Beginning-Intermediate Grammar of Hellenistic Greek* [Gramática elemental-intermedia del griego helenístico]; 2a ed.; 3 vols. (Scholars Press, 1973).

Murray J. Harris, "Appendix: Prepositions and Theology in the Greek New Testament", ["Apéndice: preposiciones y teología en el Nuevo Testamento griego"] en *The New International Dictionary of New Testament Theology,* [Nuevo diccionario internacional de teología del Nuevo Testamento] ed. por Colin Brown (Zondervan Publishing House, 1978), Vol. 3 pp. 1171-1215.

C. F. D. Moule, *An Idiom book of New Testament Greek* [Libro de modismos del griego del Nuevo Testamento]; 2a ed. (Cambridge University Press, 1963).

James H. Moulton y W. F. Howard, *A Grammar of New Testament Greek* [Gramática del griego del Nuevo Testamento] (Edinburgh: T. & T. Clark): Vol. I, *Prolegomena* [Prolegómenos], por Moulton, 3a, ed., 1908; Vol. II, *Accidence and Word-Formation* [Inflexiones y formación de palabras], por Moulton y Howard, 1929; Vol. III, *Syntax* [Sintaxis] por Nigel Turner, 1963; Vol. IV, *Style* [Estilo] por Turner, 1976.

A. T. Robertson, *A Grammar of the Greek New Testament in the Light of Historical Research* [Gramática del Nuevo Testamento griego a la luz de la investigación histórica]; 4a ed. (Broadman Press, 1934).

_____, y W. H. Davis, *A New Short Grammar of the Greek Testament* [Nueva gramática breve del Testamento griego]; 10a ed. (Harper & Brothers, 1933; reimpresión Baker Book House, 1977).

Max Zerwick, Biblical Greek Illustrated by Examples [Griego bíblico ilustrado por ejemplos] (Roma: Biblical Institute Press, 1963).

Paso 7. AYUDAS DE LEXICO

Kurt Aland (ed.), *Vollständige Konkordanz zum griechischen Neuen Testament* [Concordancia completa del Nuevo Testamento griego]; 2 vols. (Berlín: Walter de Gruyter, 1975ss.).

John R. Alsop, *An Index to the Bauer-Arndt-Gringrich Greek Lexicon* [Indice al léxico griego de Bauer] (Zondervan Publishing House, 1968).

H. Bachmann y H. Slaby (eds.), *Computer-Konkordanz zum Novum Testamentum Graece von Nestle-Aland, 26. Auflage, und zum Greek New Testament* [Concordancia computorizada del Novum Testamentum Graece de Nestle-Aland, 26a ed., y del Nuevo Testamento griego, 3a ed.]; (Berlín: Walter de Gruyter, 1980).

Walter Bauer, *A Greek-English Lexicon of the New Testament and Other Early Christian Literature* [Léxico greco-inglés del Nuevo Testamento y otra literatura cristiana primitiva]; 2a ed.; ed. por W. F. Arndt, F. W. Gringrich, F. W. Danker (University of Chicago Press, 1979).

Colin Brown (ed.), *The New International Dictionary of New Testament Theology* [Nuevo diccionario internacional de teología del Nuevo Testamento]; 3 vols. (Zondervan Publishing House, 1975-1978).

Gerhard Kittel and Gerhard Friedrich (eds.), *Theological Dictionary of the New Testament* [Diccionario teológico del Nuevo Testamento]; 10 tomos inclusive el tomo de índice (Wm. B. Eerdmans Publishing Co., 1964-1976).

G. W. H. Lampe (ed.), *A Patristic Greek Lexicon* [Léxico del griego patrístico] (Oxford: Clarendon Press, 1961-1968).

Henry G. Liddell y Robert Scott, *A Greek-English Lexicon* [Léxico griego-inglés]; 9a ed.; rev. por H. S. Jones y R. McKenzie (Oxford: Clarendon Press, 1940).

G. Mayer, *Index Philoneus* (Berlín: Walter de Gruyter, 1974).

James H. Moulton y G. Milligan, *The Vocabulary of the Greek Testament Illustrated from the Papyri and Other Non-literary Sources* [El vocabulario del Testamento griego ilustrado de los papiros y otras fuentes no literarias] (Londres: Hodder & Stoughton, 1914-1930; reimpreso Wm. B. eerdmans Publishing Co., 1974).

William F. Moulton y A. S. Geden, *A Concordance to the Greek Testament According to the Texts of Westcott and Hort, Tischen-*

dorf and the English Revisers [Concordancia del Testamento griego según los textos de Westcott y Hort, Tischendorf y los revisores ingleses]; 5a ed. rev. por H. K. Moulton (Edinburgh: T. & T. Clark, 1978).

K. H. Rengstorf (ed.), *A Complete Concordance to Flavius Josephus* [Concordancia completa de Flavio Josefo]; 4 tomos. (Leiden: E. J. Brill, 1973ss.).

Jorge G. Parker, compilador, *Léxico-concordancia del Nuevo Testamento en griego y español.* (El Paso: Editorial Mundo Hispano, 1982).

Paso 8. TRASFONDO HISTORICO-CULTURAL

H. Almquist, *Plutarch und das Neue Testament. Ein Beitrag zum Corpus Hellenisticum Novi Testamenti* [Plutarco y el Nuevo Testamento. Contribución al Corpus Hellenisticum Novi Testamentum]; Acta Seminarii Neotestamentici Upsaliensis, 15 (Uppsala: Appelbergs Boktryckeri, 1946).

Hans Dieter Betz, *Plutarch's Theological Writings and Early Christian Literature* [Escritos teológicos de Plutarco y literatura cristiana primitiva]; Studia ad Corpus Hellenisticum Novi Testamenti, 3 (Leiden: E. J. Brill, 1975).

_____, *Plutarch's Ethical Writings and Early Christian Literature* [Escritos éticos de Plutarco y literatura cristiana primitiva]; Studia ad Corpus Hellenisticum Novi Testamenti, 4 (Leiden: E. J. Brill, 1978).

_____, *Lukian von Samosata und das Neue Testament. Religions-geschichtliche und paränetische Parallelen* [Luciano de Samosata y el Nuevo Testamento. Paralelos religio-históricos y admonitivos]; TU76 (Berlín: Akademie-Verlag, 1961).

_____ y E. W. Smith, Jr., "Contributions to the Corpus Hellenisticum Novi Testamenti; I: Plutarch, De E apud Delphos" [Contribuciones al C. H. N. T.; I: Plutorco, De E apud Delphos],*Novum Testamentum* 13 (1971), 217-235.

J. Bonsirven, *Textes Rabbiniques des deux premiers siecles chretiens pour servir a l'intelligence du Nouveau Testament* [Textos rabínicos de los primeros dos siglos cristianos para ayudar en el entendimiento del Nuevo Testamento] (Roma: Biblical Institute Press, 1955).

Geoffrey W. Bromiley et al. (eds.), *The International Standard Bible Encyclopedia* [Enciclopedia Internacional estándar de la Biblia]; ed. rev. (Wm. B. Eerdmans Publishing Co., 1979).

George A. Buttrick et al. (eds.), *The Interpreter's Dictionary of the Bible.* [Diccionario de la Biblia del intérprete]; 4 vols (Abingdon Press, 1962).

J. H. Charlesworth (ed.), *The Old Testament Pseudepigrapha* [Pseudoepígrafa del Antiguo Testamento] (Doubleday & Co., 1982).

J. Duncan M. Derrett, *Jesus's Audience: The Social and Psychological Environment in Which He Worked* [El público de Jesús: el entorno social y psicológico en el cual trabajó] (Seabury Press, 1973).

André Dupont-Sommer, *The Essene Writings from Qumran* [Los escritos esenios de Qumran] (Oxford: Basil Blackwell, 1961; reimpr. Gloucester, Mass: Peter Smith, 1973).

Martin Hengel, *Judaism and Hellenism: Studies in Their Encounter in Palestine During the Early Hellenistic Period* [Judaísmo y helenismo: estudios sobre su encuentro en Palestina durante el período helenístico temprano] 2 vols. (Fortress Press, 1974).

Joachim Jeremias, *Jerusalem in the Time of Jesus: An Investigation Into Economic and Social Conditions During the New Testament Period* [Jerusalén en los tiempos de Jesús; Salamanca: Ediciones Sígueme, 1977] (Fortress Press, 1967).

Eduard Lohse, *The New Testament Environment* [El entorno del Nuevo Testamento] (Abingdon Press, 1976).

R. C. Musaph-Andriesse, *From Torah to Kabbalah: A Basic Introduction to the Writings of Judaism* [De la Torá a la Kabbala: introducción básica a los escritos del judaísmo] (Oxford University Press, 1982).

G. Mussies, *Dio Chrysostom and the New Testament: Parallels Collected* [Dio Crisóstomo y el Nuevo Testamento: colección de paralelos] (Leiden: E. J. Brill, 1971).

Jacob Neusner, *The Rabbinic Traditions About the Pharisees Before 70 A. D.* [Tradiciones rabínicas acerca de los fariseos antes del 70 d.C.] 3 vols. (Leiden: E. J. Brill, 1971).

George W. E. Nickelsburg, *Jewish Literature Between the Bible and the Mishnah: An Historical and Literary Introduction* [Literatura judía entre la Biblia y la Mishna: introducción histórica y literaria] (Fortress Press, 1981).

G. Petzke, Die Traditionen über Apollonius von Tyana und das Neue Testament [La tradición acerca de Apolonio de Tyana y el Nuevo Testamento]; Studia ad Corpus Hellenisticum Novi Testamenti, 1 (Leiden: E. J. Brill, 1970).

Emil Schürer, *The History of the Jewish People in the Age of Jesus Christ (175 B.C.-A.D. 135): A New English Version Revised and Edited* [Historia del pueblo judío en la época de Jesucristo (175 a. C.-135 d. C.): nueva versión en inglés revisada y editada]; ed. por Géza Vermès et al. 3 vols. (Edinburgh: T. & T. Clark, 1973, 1979).

J. N. Sevenster, *Paul and Seneca* [Pablo y Séneca]; Suplemento a
Novum Testamentum, 4 (Leiden: E. J. Brill, 1961).
Hermann L. Strack y P. Billerbeck, *Kommentar zum Neuen Tes-
tament aus Talmud und Midrasch* [Comentario sobre el Nuevo
Testamento a base del Talmud y el Midrash]; 6 tomos (Munich:
Beck, 1922-1961).
Hildegard Temporini y Wolfgang Haase (eds.), *Aufstieg und Nieder-
gang der römischen Welt. Geschichte und Kultur Roms im Spiegel
der neueren Forschung* [Ascenso y caída del mundo romano.
Historia y cultura de Roma en el espejo de nuestra investiga-
ción] (Berlín: Walter de Gruyter, 1971).
Merrill C. Tenney et al. (eds.), *The Zondervan Pictorial Encyclo-
pedia of the Bible* [Enciclopedia ilustrada Zondervan de la
Biblia]; 5 tomos (Zondervan Publishing House, 1975).
P. W. van der Horst, "Musonius Rufus and the New Testament: A
Contribution to the Corpus Hellenisticum" [Musonio Rufo y el
Nuevo Testamento: contribución al corpus Hellenisticum], *No-
vum Testamentum 16 (1974), 306-315.*

Paso 9 (E). FORMA EPISTOLAR
Para el estudio fundamental de estos asuntos, véase:
Adolf Deissmann, *Light from the Ancient East; The New Testament Illustrated by Recently Discovered Texts of the Grae-
co-Roman World* [Luz del antiguo oriente: el Nuevo Testamento ilustrado por textos recién descubiertos del mundo
grecorromano]; 4a ed. [1a ed., 1910] (Harper & Brothers,
1922, reimpr. Baker Book House, 1965), esp. pp. 227-251.
El libro esencial es ahora:
William G. Doty, *Letters in Primitive Christianity* [Cartas en
el cristianismo primitivo]; Guides to Biblical Scholarship
(Fortress Press, 1973).
Para un estudio extraordinariamente útil del uso de secretarios
para escribir cartas en la antigüedad, véase:
Gordon J. Bahr, "Paul and Letter Writing in the First
Century" [Pablo y la escritura de cartas en el primer siglo],
Catholic Biblical Quarterly 28 (1966), 465-477.

Paso 10 (E). CONTEXTO HISTORICO EN PARTICULAR
Ya que este paso se relaciona con el motivo de la carta, no existe
bibliografía especial disponible, aunque puede obtenerse ayuda
de las introducciones de los comentarios, y algunas veces de
estudios especializados. Estos serán descubiertos en el proceso de
acumular una bibliografía para la epístola específica.

Paso 11 (E). CONTEXTO LITERARIO
El propio texto bíblico proporciona el contexto literario. Por tanto no es necesaria bibliografía.

Paso 9 (Ev). FORMAS DE LOS EVANGELIOS
Las "formas" de los materiales encontrados en los evangelios eran una parte de la investigación conocida como crítica de la forma. Históricamente, la disciplina surgió como un intento para estudiar los materiales de los evangelios según aparecieron en el período oral antes que se escribiera el primero de los evangelios. El análisis de las formas era parte de un intento de descubrir la ubicación en la vida original del dicho o fragmento y de juzgar su autenticidad. La clasificación y análisis de las formas, sin embargo, existe completamente aparte del interés posterior.

Para una breve introducción y evaluación de la crítica de las formas véase:

William Barclay, *Introduction to the First Three Gospels* [Introducción a los primeros tres evangelios]; ed. rev. de *The First Three Gospels* [Los primeros tres evangelios] (Westminster Press, 1975), pp. 24-81.

o:

Keith F. Nickle, *The Synoptic Gospels: An Introduction* [Los evangelios sinópticos: una introducción] (John Knox Press, 1980), pp. 29-51.

El estudio de Nickle tiene una presentación de las formas especialmente útil. Una introducción más completa da la crítica de las formas como tales, pero no tan útil como Nickle o Barclay en cuanto a las formas, puede hallarse en:

Edgar F. McKnight, *What Is Form Criticism?* [¿Qué es la crítica de las formas?] Guides to Biblical Scholarship (Fortress Press, 1969).

Un análisis más completo de las formas, así como una presentación más completa de los materiales de los evangelios, puede hallarse en la obra clásica de la crítica de las formas.

Rudolf Bultmann, *The History of the Synoptic Tradition* [Historia de la tradición sinóptica] (Oxford: Basil Blackwell, 1963).

Bultmann era excesivamente escéptico acerca de la autenticidad, pero su análisis de las formas y desarrollo de la tradición puede ser muy útil. La introducción de Barclay notada arriba es una cuidadosa evaluación crítica de este libro. Un acercamiento más equilibrado al tema es:

Vincent Taylor, *The Formation of the Gospel Tradition* [Formación de la tradición de los evangelios] 2a ed. (Londres: Macmillan & Co., 1935).

Un análisis breve de la forma de la enseñanza de Jesús, que se acerca a la cuestión de la forma de una manera ligeramente distinta, pero refrescante es:

Robert H. Stein, *The Method and Message of Jesus' Teachings* [Método y mensaje de las enseñanzas de Jesús] (Westminster Press, 1978), pp. 7-33.

Paso 10 (Ev). ANALISIS DE FRAGMENTO

Kurt Aland (ed.), *Synopsis of the Four Gospels: Greek-English Edition of the Synopsis Quattuor Evangeliorum* [Sinopsis de los cuatro evangelios: edición grecoinglés de la Synopsis Quattuor Evangeliorum]; 3a ed. (United Bible Societies, 1979).

Reuben J. Swanson, *The Horizontal Line Synopsis of the Gospels, Greek Edition* [Sinopsis en línea horizontal de los evangelios, edición en griego] Vol. I, *The Gospel of Matthew* [El Evangelio según San Mateo] (Western North Carolina Press, 1982).

Paso 11 (Ev). EL MEDIO AMBIENTE ORIGINAL

Para una introducción a este problema, véase la bibliografía dada en el paso 9 (Ev), arriba. Un ejemplo típico de esa clase de estudio es:

Joachim Jeremias, *Las parábolas de Jesús* (Salamanca: Ediciones Sígueme, 1968).

Para un acercamiento al material por la vía del público, véase:

J. Arthur Baird, *Audience Criticism and the Historical Jesus* [Crítica del público y el Jesús histórico] (Westminster Press, 1969), esp. pp. 32-53.

Paso 10 (H). CUESTIONES HISTORICAS

Para las preguntas históricas básicas hechas en este paso (quién, qué, dónde, cuándo), debe consultarse uno de los mejores diccionarios de la Biblia. Véase II.5.2.1 (compárese DMS, capítulo 10; JAF, capítulo XI).

Para la más amplia y más compleja cuestión de la historia en Hechos, véase:

Martin Hengel, *Acts and the History of Earliest Christianity* [Hechos y la historia del cristianismo más primitivo] (Fortress Press, 1980).

I. Howard Marshall, *Luke: Historian and Theologian* [Lucas: historiador y teólogo] (Zondervan Publishing House, 1971).

Paso 11 (H). CONTEXTO LITERARIO

No es necesaria bibliografía. No obstante, para dos comentarios que se acercan a la exégesis con estas preguntas presentes véase uno que no dé consideración seria a la historia:

Ernst Haenchen, *The Acts of the Apostles: A Commentary* [Hechos de los apóstoles: un comentario] (Westminster Press, 1971).

y uno que sí lo haga:

I. Howard Marshall, *The Acts of the Apostles* [Hechos de los apóstoles]; Tyndale New Testament Commentaries (Wm. B. Eerdmans Publishing Co., 1980).

Paso 12. TEOLOGIA BIBLICA

Aunque la teología del NT es primariamente una tarea descriptiva, las presuposiciones y previos compromisos teológicos del autor a menudo afectan su modo de ver las cosas. Por tanto parece útil aquí presentar las principales teologías bajo categorías confesionales, con la advertencia de que no debe leerse solamente las que tengan el punto de vista nuestro. Hay mucho que puede aprenderse de todas las teologías enumeradas aquí.

Para la perspectiva del punto de vista más radical, en este caso existencial, véase:

Rudolf Bultmann, *Theology of the New Testament* [Teología del Nuevo Testamento. Salamanca: Ediciones Sígueme, 1981]; 2 tomos (Charles Scribner's Sons, 1951, 1955).

Hans Conzelmann, *An Outline of the Theology of the New Testament* [Bosquejo de la teología del Nuevo Testamento] (Harper & Row, 1969).

Bultmann es en cierto sentido clásico y sobre todo iluminador sobre Pablo. Para una posición teológica más moderada, véase:

Leonhard Goppelt, *Theology of the New Testament* [Teología del Nuevo Testamento]: Vol. I, *The Ministry of Jesus in Its Theological Significance* [El ministerio de Jesús en su importancia teológica]; Vol. II, *The Variety and Unity of the Apostolic Witness to Christ* [Variedad y unidad de los testigos apostólicos de Cristo] (Wm. Eerdmans Publishing Co., 1981).

Werner G. Kümmel, *The Theology of the New Testament* [Teología del Nuevo Testamento] (Abingdon Press, 1973).

Ethelbert Stauffer, *New Testament Theology* [Teología del Nuevo Testamento] (Londres: SCM Press, 1955).

Para un punto de vista conservador, véase:

Donald Guthrie, *New Testament Theology* [Teología del Nuevo Testamento] (Inter-Varsity Press, 1981).

George E. Ladd, *A Theology of the New Testament* [Teología del Nuevo Testamento] (Wm. B. Eerdmans Publishing Co., 1974).

En español puede consultarse:

C. C. Ryrie, *Teología bíblica del Nuevo Testamento* (Grand Rapids: Outreach Publications, 1983).

Frank Stagg, *Teología del Nuevo Testamento* (El Paso: Casa Bautista de Publicaciones).

Lo mejor de la tradición católica romana es:

Karl H. Schelkle, *Teología del Nuevo Testamento* (Barcelona: Editorial Herder, 1975).

Ya que Pablo y Juan reciben mucha atención, es bueno estar al tanto de las mejores teologías aquí. Para Pablo véase:

J. Christiaan Beker, *Paul the Apostle* [Pablo el apóstol] (Fortress Press, 1980).

Herman Ridderbos, *Paul: An Outline of His Theology* [Pablo: Bosquejo de su teología] (Wm. B. Eerdmans Publishing Co., 1975).

El estudio clásico para Juan es:

C. H. Dodd, *The Interpretation of the Fourth Gospel* [Interpretación del cuarto evangelio] (Cambridge University Press, 1953).

Para una visión general de la investigación teológica sobre Juan, véase:

Robert Kysar, *The Fourth Evangelist and His Gospel: An Examination of Contemporary Scholarship* [El cuarto evangelista y su evangelio: análisis de los conocimientos contemporáneos] (Augsburg Publishing House, 1975), esp. Parte Tres pp. 174-263.

Paso 13. LITERATURA SECUNDARIA

Una gran cantidad de artículos y libros valiosos se publican cada año en este campo del NT. Es especialmente importante saber dónde pueden hallarse tales artículos y libros y cómo hacer para encontrar lo que uno busca en este vasto conjunto de material. Ya que esto ha sido bien hecho por Scholer y Fitzmyer, aquí solamente llamaré la atención a los puntos más importantes con muy pocas anotaciones.

13.1 Ayudas bibliográficas

La primera tarea, y la que de manera considerable aligera la carga cuando se sabe con precisión dónde buscar, es la acumulación de una bibliografía. En el campo del NT somos servidos ricamente en este punto. Véase especialmente el capítulo 2 de DMS y el capítulo I (C) de JAF. Las bibliografías más importantes publicadas que tratan directamente de la exégesis del NT son las publicadas por Metzger sobre Cristo y los Evangelios, sobre Pablo por Metzger, sobre Hechos por Mattills, sobre Juan por Malatesta, y sobre *"Festschriften"* por Metzger. Para bibliografía actualizada existen dos herramientas absolutamente indispensables:

Elencus bibliographicus biblicus
New Testament Abstracts

No puede tenerse la expectativa de hacer un trabajo serio y actualizado sobre nada en el NT sin acceso a estas dos herramientas inapreciables.

13.2 *Publicaciones periódicas*

Para el vasto arreglo de la literatura periódica que tiene artículos eruditos sobre asuntos del NT, véase el capítulo II en JAF. Los más importantes para el estudio del NT son:

Biblica
Catholic Biblica Quarterly
Expository Times
Interpretation
Journal of Biblical Literature
Journal for the Study of the New Testament
New Testament Studies
Novum Testamentum
Revue Biblique
Zeitschrift für die neutestamentliche Wissenschaft

13.3 Comentarios

Para una lista más que adecuada de los mejores comentarios del NT para cada libro del NT, véase DMS, capítulo 15. Debe recordarse por supuesto que regularmente aparecen buenos comentarios nuevos. La lista de Scholer incluye los que aparecieron antes de 1972. Para fechas posteriores véase las noticias sobre libros nuevos en *New Testament Abstracts*.

Paso 14. TRADUCCION

Una buena traducción no sólo vierte las palabras del original a sus mejores equivalentes en español; refleja también el estilo, el espíritu, y aun el impacto del original si es posible. Cada quien es el mejor juez de lo que constituye una traducción fidedigna. La familiaridad con el pasaje en el idioma original, y con el público a quien uno escribe o predica, permiten escoger las palabras que mejoran la exactitud de la traducción. Recuérdese que la exactitud no requiere un literalismo rígido. Las palabras de diferentes idiomas no corresponden exactamente una a otra. La traducción debe dejar la misma impresión al leerse que dejó el original. Una traducción que cumple con este criterio puede ser considerada fiel al original.

Dos libros sobre la traducción bíblica son especialmente valiosos. Ambos deben leerse completos, más bien que referirse a ellos sólo por información específica.

John Beekman y John Callow, *Translating The Word of God* [Traducción de la Palabra de Dios] (Zondervan Publishing House, 1974).

Este libro contiene estudios serios y detallados de problemas especiales que se presentan en la traducción de las Escrituras de un idioma a otro. Hay recomendaciones sobre cómo manejar metáforas, símiles, palabras con significados múltiples, modismos, etc.

Sakae Kubo y Walter Specht, *So Many Versions?* (¿Tantas versiones?) (Zondervan Publishing House, 1975).

Ese libro revisa detenidamente las principales traducciones de la Biblia al inglés del siglo veinte, proporcionando copiosos ejemplos de cada una, y comentando sobre las técnicas de traducción y supuestos implicados.

Para artículos de todas clases sobre la teoría y la práctica de la traducción, debe estarse al tanto de:

The Bible Translator (Londres, 1950).

Paso 15. APLICACION

Libros sobre la hermenéutica como aplicación son más difícil de sugerir, en parte porque el interés de uno aquí dependerá principalmente de la posición confesional. Quizás el estudio más amplio de la tarea hermenéutica como un todo es:

A. Berkeley Mickelsen, *Interpreting the Bible: A Book of Basic Principles for Understanding the Scriptures* [Interpretación de la Biblia: un libro de principios básicos para la comprensión de las Escrituras] (Wm. B. Eerdmans Publishing Co., 1963).

En español lo que más se acerca a este es el de José M. Martínez, *Hermenéutica bíblica* (Terrasa: CLIE, 1984).

Deben conocerse también tres libros que tratan de la interpretación del NT, que incluyen estudios de las diversas metodologías bosquejadas en este libro así como secciones sobre "aplicación". Cada uno refleja diferente posición confesional:

William G. Doty, *Contemporary New Testament Interpretation* [Interpretación contemporánea del Nuevo Testamento] (Prentice-Hall, 1972).

Daniel J. Harrington, S.J., *Interpreting the New Testament: A Practical Guide* [Interpretación del Nuevo Testamento: guía práctica]; New Testament Message 1 (Michael Glazier, 1979).

I. Howard Marshall (ed.), *New Testament Interpretation: Essays on Principles and Methods* [Interpretación del Nuevo Testamento: ensayos sobre principios y métodos] (Wm. B. Eerdmans Publishing Co., 1977).

Otro libro útil que trata de la historia de la interpretación es:

Robert M. Grant, *A Short History of the Interpretation of the Bible* [Historia breve de la interpretación de la Biblia]; ed. rev. (Macmillan Co., 1963).

En español, H. E. Dana, *Escudriñando las Escrituras* (El Paso: Casa Bautista de Publicaciones, s/f.).

Un libro que trae el estudio más completo hasta la fecha es:

Anthony C. Thiselton, *The Two Horizons: New Testament Hermeneutics and Philosphical Description with Special Reference to Heidegger, Bultmann, Gadamer, and Wittgenstein* [Los dos horizontes: hermenéutica del Nuevo Testamento y descripción filosófica con especial referencia a Heidegger, Bultmann, Gadamer, y Wittgenstein] (Wm. B. Eerdmans Publishing Co., 1980).

Otro libro que lucha con las cuestiones hermenéuticas levantadas por los varios géneros de la Biblia es:

Gordon D. Fee y Douglas Stuart, *La lectura eficaz de la Biblia* (Deerfield: Editorial Vida, 1981).

Por último, es probable que la mejor introducción a la metodología de la predicación expositiva, con una guía paso por paso para la verdadera preparación del sermón, sea:

James W. Cox, *A guide to Biblical Preaching* [Guía para la predicación bíblica] (Abingdon Press, 1976).

Walter L. Liefeld, *Cómo predicar expositivamente.* (Editorial Vida, 1991).

Nos agradaría recibir noticias suyas.
Por favor, envíe sus comentarios sobre este libro
a la dirección que aparece a continuación.
Muchas gracias.

Editorial Vida
7500 NW 25 Street, Suite 239
Miami, Florida 33122

Vidapub.sales@zondervan.com
http://www.editorialvida.com